SIMON WIEBE

preach

DEIN WORKBOOK FÜRS PREDIGEN

B

MIX
Papier | Fördert gute Waldnutzung
FSC® C018236

2. Auflage 2025

R.Brockhaus in der SCM Verlagsgruppe GmbH
Max-Eyth-Straße 41 · 71088 Holzgerlingen
brockhaus-verlag.de

Illustrationen: Simon Wiebe

Lektorat: Rahel Dyck
Umschlaggestaltung: Andreas Sonnhüter, www.grafikbuero-sonnhueter.de
Autorenfoto: Kevin Klein Fine Art Wedding Photography
Satz: Burkhard Lieverkus, Wuppertal
Druck und Bindung: dimograf
Gedruckt in Polen
ISBN 978-3-417-24181-5
Bestell-Nr. 224.181.000

Wir können die Menschen
nicht ins Königreich schnarchen.

Charles Haddon Spurgeon

Inhalt

WIE DU DIESES BUCH NUTZEN KANNST

Was? Ein 26-Jähriger will mir etwas über das Predigen beibringen? Lern doch selbst erst mal zu predigen! Ja, ich bin tatsächlich noch so jung. Okay, ehrlich gesagt bin ich beim Erscheinen des Buches schon 28 Jahre alt. Der Großteil des Buches ist aber zwei Jahre früher entstanden. Seit ich volljährig bin, predige ich aus Leidenschaft. Das heißt, etwas Erfahrung habe ich schon gesammelt. Aber natürlich kann ich nicht mit den Alten mithalten, die schon einige Jahre mehr auf dem Buckel haben.

Die Stärken des Buches

Aber vielleicht ist das auch genau die Stärke dieses Buches. Es bietet dir ...

Perspektiven

... frische Perspektiven, die nicht in Stein gemeißelt sind. Ich bin nicht in bestimmten theologischen und konfessionellen Richtungen festgefahren. Ich möchte aus verschiedenen Richtungen etwas lernen. Ein Blick in andere Konfessionen und Kulturen empfinde ich oft als inspirierend und horizonterweiternd. Natürlich bringe ich aber trotzdem meine eigene Prägung mit.

Überblick

... einen guten Überblick über wichtige Themen. Dabei möchte ich mich nicht in den Details verlieren. Mein Anliegen ist es vielmehr, Themen zusammenfassend darzustellen und sowohl englisch- als auch deutschsprachige Literatur ins Gespräch zu bringen. Es wird also vieles grob vereinfacht dargestellt. Wenn du Themen für dich vertiefen willst, empfehle ich dir einen Blick in die Fußnoten.

Überzeugungen ... nur Überzeugungen, die ich als besonders attraktiv empfunden habe. Beim Ausarbeiten der einzelnen Themen habe ich mir immer wieder zwei Fragen gestellt: Was ist für die Praxis relevant? Und was sind spannende Sichtweisen auf die Predigt? Da ich selbst aus Überzeugung predige, schreibe ich aus der Praxis für die Praxis. Gleichzeitig erhebe ich nicht den Anspruch, dass das Buch besonders akademisch oder umfangreich ist.

Aufmachung ... eine außergewöhnliche Aufmachung. Das Buch ist ein Workbook. Warum? Ganz einfach: Weil ich kein Workbook gefunden habe, das sich mit der Homiletik (der Lehre von der Predigt) beschäftigt. Zumindest keins in deutscher Sprache, was nicht ausschließlich antiquarisch zu erhalten ist. Deshalb habe ich mich für eine interaktive Aufmachung entschieden.

Für wen ist das Buch? Vielleicht denkst du gerade: „Aber eigentlich predige ich nicht im Gottesdienst am Sonntag. Ist das Buch trotzdem etwas für mich?" Ja! Wenn du dein Predigtverständnis nicht auf den Gottesdienst am Sonntag beschränkst, gibt es innerhalb der Kirche viele Möglichkeiten zu predigen. Der kurze Input in einem Teamtreffen. Die Andacht auf einer Freizeit. Das Thema im Hauskreis. Die Lektion in der Kinder- oder Jungschararbeit. Der Bericht über einen Einsatz mit deiner Jugendgruppe im In- oder Ausland.

Und was ist mit Bereichen außerhalb der Kirche? Einige Themen in diesem Buch können auch für andere Bereiche fruchtbar gemacht werden. Wir greifen grundlegende Aspekte der Kommunikation auf, die für verschiedenste Bereiche anwendbar sind. Ich selbst studiere Ev. Religionslehre und Geschichte auf Lehramt und konnte einiges in meinem Praxissemester anwenden. Überall dort, wo wir mit Worten arbeiten, können die Ausführungen wichtige Impulse für die Praxis geben. Auch wenn das Buch in erster Linie an Predigerinnen und Prediger gerichtet ist, kannst du die Inhalte für Unterrichtsstunden, Meetings und Geschäftsbeziehungen nutzen.

Langer Rede kurzer Sinn: Wenn du besser kommunizieren möchtest, ist das Buch genau das Richtige für dich.

Definition

Wie du vielleicht bemerkt hast, habe ich insgesamt ein recht offenes und breites Verständnis der Predigt. Ich folge dabei der klassischen Definition von Wolfgang Trillhaas, der die Predigt folgendermaßen versteht:

„Die Predigt ist die ganz und gar gegenwartsgebundene Rede, in welcher der christliche Glaube, das ‚alte' Evangelium, im Horizont des heutigen Bewußtseins für die christliche Gemeinde ebenso wie für die Gesellschaft zur Aussage kommen soll."[1]

In dieser Definition werden viele Aspekte benannt, auf die ich später noch weiter eingehen werde. Aber so viel sei schon mal gesagt:

Die Predigt ist eine Rede – es wird also um Rhetorik gehen.

Die Predigt beinhaltet das „alte" Evangelium – es wird also um den Predigtinhalt gehen. (Erst der Inhalt lässt die Rede zu einer Predigt werden.)

Die Predigt möchte Kirche *und* Gesellschaft erreichen – es wird also auch um das Erreichen von Kirchendistanzierten gehen.

Zu kurz kommt in der Definition sicherlich die Persönlichkeit der Predigerin oder des Predigers – darum wird es auf den folgenden Seiten aber auch gehen.

Ein Überblick über die Kapitel

Dieses Buch beinhaltet neun einzelne Kapitel, die du für dich allein oder mit einem kleinen Kreis von Leuten durcharbeiten kannst. Ich empfehle dir, jeweils nur ein Kapitel am Stück zu lesen, um den Inhalt gut zu verinnerlichen.

Einheitliche Struktur

Jedes Kapitel folgt einer einheitlichen Struktur. Zuerst bekommst du einen Überblick über die verschiedenen Aspekte, die in der jeweiligen Einheit thematisiert werden. Als Nächstes folgt die Lektion, in der die wesentlichen Gedanken dargestellt werden. Dieser Teil ist das Herzstück jedes Kapitels. Danach fassen die „Take-Aways für die Predigt" die wichtigsten Aussagen kurz zusammen. Am Ende findest du den Abschnitt „Tiefer graben". Dort werden zwei bis drei Gedanken genauer unter die Lupe genommen und interaktiv vertieft.

Seitenränder

Die Seitenränder sind bewusst breit angelegt, damit du dir eigene Notizen machen kannst. So kannst du den Inhalt noch weiter vertiefen. Vermutlich lernst du sehr viel mehr, wenn du eigene Gedanken oder Anmerkungen per Hand aufschreibst.

1 | WARUM ES GUT IST, SICH ÜBER SCHLECHTE PREDIGTEN ZU ÄRGERN

Grund 1: Wenig Motivation

Wir betrachten den Unterschied zwischen intrinsischer und extrinsischer Motivation.

Grund 2: Wenig theologische Weiterbildung

Wir fragen, wie wir uns theologisch weiterbilden können.

Grund 3: Wenig rhetorische Weiterbildung

Wir beobachten, dass es manchen Predigerinnen und Predigern an rhetorischen Fähigkeiten mangelt.

**Und warum ist es jetzt gut,
sich über schlechte Predigten zu ärgern?**

Wir halten fest, warum es wichtig ist, sich über die gegenwärtige Predigtsituation zu ärgern.

WARUM ES GUT IST, SICH ÜBER SCHLECHTE PREDIGTEN ZU ÄRGERN!

Wieso werden so viele schlechte Predigten gehalten? Erstaunlich viele Kirchenbesucherinnen und -besucher kennen folgendes Phänomen: Sobald bestimmte Gemeindeglieder mit ihrem Wortbeitrag im Gottesdienst beginnen, schaltet der Kopf ab.

Der Tag oder die Woche wird geplant.

Überlegungen werden angestellt, was es heute zu Mittag geben wird.

Die Vorfreude auf den sonntäglichen Mittagsschlaf steigert sich.

Ich persönlich kenne einige Rednerinnen und Redner, bei denen ich reflexartig nach meinem Smartphone greifen möchte. Instagram, Snapchat und selbst die tollen Sprüchebilder im WhatsApp-Status finde ich in diesem Augenblick interessanter als die Person vorne auf der Bühne. Der Prediger Ron Boyd-MacMillan bringt es auf den Punkt: „Es ist eine Sünde, jemanden mit Jesus zu langweilen."[2] – Bekomme ich darauf ein „Amen"?

Um es einmal sehr drastisch auszudrücken: Viele Predigerinnen und Prediger versündigen sich, wenn sie auf der Bühne stehen. Aber welche Gründe gibt es dafür, dass ihre Themen so langweilig sind und nicht die gewünschte Wirkung erzielen? Es gibt viele verschiedene Faktoren, die man nennen könnte.[3] Ich möchte mich auf drei konzentrieren, die ich regelmäßig in meinem kirchlichen Kontext beobachtet habe.

Meine eigene Prägung

Erlaube mir eine kurze Vorbemerkung zu meiner Prägung. Ich selbst bin in einer russlanddeutschen Migrationskirche[4] mit mennonitischer Prägung großgeworden und lebe im Nordosten von Nordrhein-Westfalen, genauer in Ostwestfalen-Lippe (OWL). Kirchen mit ähnlichem Hintergrund gibt es hier in der Umgebung viele. Das heißt, meine Beobachtungen sind geprägt von den Gottesdienstbesuchen in OWL und beziehen sich größtenteils auf freikirchliche Migrationsgemeinden. Nichtsdestotrotz habe ich gemerkt, dass diese Beobachtungen nicht auf diesen Kontext beschränkt sind. Deshalb versuche ich sie auch etwas allgemeiner zu halten.

Jetzt aber zu den Gründen. Warum sind manche Predigten so langweilig?

Grund 1: Wenig Motivation

Die vermutlich wichtigste Grundlage für unsere Dienste in der Gemeinde ist die Motivation. Wenn die Motivation fehlt, fällt es uns schwer, eine vernünftige Predigt vorzubereiten. Oder um es noch genauer zu sagen: Die Predigten sind so schlecht, weil die Predigerinnen und Prediger nicht intrinsisch motiviert sind!

Intrinsische Motivation

Intrinsisch? Komisches Wort! Intrinsisch heißt so viel wie „von innen heraus". Eine intrinsische Motivation liegt dann vor, wenn die Vorbereitung und das Halten eines Themas selbst schon genügend Anreiz bieten. Du musst nicht erst Geld dafür bekommen oder vom Publikum für deinen Intellekt bewundert werden, um eine Predigt vorzutragen. Es geht also um die Motivation, die aus dir selbst kommt. Man kann z. B. an folgenden Kriterien messen, ob du intrinsisch motiviert bist:

- Du hast Freude am Predigen oder Erklären.
- Dir macht es Spaß, theologische Themen auszuarbeiten.
- Du feierst die Aha-Momente beim Studieren der Bibel und weiterer Literatur.
- Du entwickelst eine immer größere Bücher- oder Podcastliebe.

Oder um es abstrakter zu halten: Die Predigerinnen und Prediger haben Interesse, Lust und Freude am Predigen und sehen einen Sinn darin. Aus dieser intrinsischen Motivation heraus erwächst eine Leidenschaft für die Verkündigung.

Extrinsische Motivation

Wenn jemand keine intrinsische Motivation besitzt, aber trotzdem predigt, dann wird die Predigt oft zu einer Notwendigkeit. Eine extrinsische Motivation liegt dann vor, wenn der primäre Anreiz im „Output" liegt. Wenn also nicht das gewünschte Ergebnis erzielt wird, verschwindet die Motivation. Jemand tut ihren oder seinen Dienst, weil sie oder er von außen beeinflusst wird. Diese Kriterien zeigen, ob eine extrinsische Motivation vorliegt:

- Du fühlst dich verpflichtet zu predigen, weil du in einer Verantwortungsposition stehst („Angestellte müssen predigen").
- Du versuchst die Erwartung anderer Menschen zu erfüllen („Dein Vater war ein guter Prediger, jetzt sollst du auch in seine Fußstapfen treten").
- Du bist zutiefst traurig, wenn Feedback und Bewunderung der Hörerinnen und Hörer ausbleiben.

Faktoren, die zu einer extrinsischen Motivation führen, sind häufig sozialer Status, Macht, Reichtum und Zugehörigkeit.[5] Reichtum wird im kirchlichen Kontext in Deutschland vermutlich weniger die Motivation sein, aber die anderen Faktoren können durchaus zutreffen. Wenn die Predigt zu einem Mittel zum Zweck wird, dann spürt man das den meisten Rednerinnen und Rednern ab. Nach einer kurzen oder längeren Zeit verschwindet das Interesse am Predigen, wenn äußere Faktoren überwiegen. Und mangelndes Interesse führt zu den nächsten beiden Gründen.

Grund 2: Wenig theologische Bildung

Ungepredigte Texte

Ist dir schon mal aufgefallen, dass in vielen freikirchlichen Gottesdiensten hauptsächlich aus den Briefen gepredigt wird? Natürlich sprechen einige auch über bekannte Texte aus den Evangelien. Sobald es aber zu den schwierigen Stellen kommt, bleiben die Predigten aus. Wie verstehen wir Jesu Aussage, dass nicht alle, die Jesus als „Herrn" bekennen, in das Reich Gottes kommen können?[6] Oder wie um alles in der Welt ist Jesu Abstieg in die Unterwelt – volkstümlich auch Höllenfahrt genannt – zu verstehen?[7] Und was machen wir mit den wortgewaltigen Bildern aus der Offenbarung?

Eine Predigt aus dem Alten Testament hört man noch seltener. Ich habe bis jetzt selten eine Predigt über ...

- den Schöpfungstext aus Genesis 1,
- das Hohelied,
- das Hiobbuch,
- die Opferregelungen aus Levitikus oder
- die Zeichenhandlungen Hesekiels gehört. (Hesekiel sollte ursprünglich auf Menschenkot sein Brot backen – lecker, oder?)

(Zu?) oft gepredigte Texte

Stattdessen konzentrieren wir uns auf ...

- die wichtigsten Passagen aus dem Römer- und Epheserbrief,
- den barmherzigen Samariter,
- Jesu Bergpredigt,
- den verlorenen Sohn,
- den Jakobusbrief (der ist immer so praktisch!) und
- den Kolosser- oder Philipperbrief. (Die beiden Briefe gehen immer, weil da so viel Optimismus mitschwingt.)

Versteh mich bitte nicht falsch. Diese Texte sind von grundlegender Bedeutung! Aber es gibt mehr. Heinrich Derksen beobachtet in seiner Doktorarbeit über das Gottesdienstverständnis der russlanddeutschen Freikirchen, dass überwiegend die eigenen Lieblingstexte aus dem Neuen Testament gewählt werden. Mit Ausnahme der Psalmen wird kaum aus dem Alten Testament gepredigt. Selten sind auch schwierige ethische und systematisch-theologische Themen.[8]

Meine Vermutung ist, dass die meisten Leute sich nicht an diese heißen Themen trauen, weil ihnen dafür das nötige Know-how fehlt. Das lässt sich aber ändern. Ein Satz, der das gut auf den Punkt bringt, lautet wie folgt: *A leader is a reader* – Ein Leitender ist ein Lesender! Wenn wir Menschen von der Bibel her prägen wollen, müssen wir vorangehen. Und um voranzugehen, müssen wir uns vorher weitergebildet haben.

Wir haben heute mehr Möglichkeiten als jede Erweckungspredigerin und jeder Erweckungsprediger der Vergangenheit. John Wesley konnte nicht einfach auf YouTube gehen und sich praktische Inspirationen holen. Catherine Booth hatte nicht die Möglichkeit, über das Internet Bücher zu sich nach Hause zu bestellen, um damit ihre Predigten vorzubereiten.

Bei uns heute im 21. Jahrhundert gibt es aber so viel gute Literatur, die uns für die Predigtpraxis hervorragend weiterhelfen kann. Wir haben Universitäts- und Stadtbibliotheken in unserer Umgebung. Und wagt man sich an englische Bücher heran, wird einem eine ganz neue Welt eröffnet.

Meine Vorgehensweise

Meine persönliche Vorgehensweise in der Predigtvorbereitung ist jedes Mal etwas anders. Allerdings tauchen folgende Schritte besonders oft auf (wenn auch nicht immer in dieser Reihenfolge):

- Ich lese den Predigttext für mich mehrmals durch. Mal langsam. Mal schnell. Mal laut. Mal leise.
- Dann vergleiche ich verschiedene Übersetzungen.
- Je nach Gattung analysiere ich den Text auf seine Besonderheiten hin (Erzählanalyse bei Geschichten, Argumentationsstruktur bei Briefen, ...).
- Ich schreibe mir die Hauptaussagen des Textes heraus, um sicherzustellen, dass ich mich nicht in Details verliere.
- Ich höre mir mehrere Predigten zu meinem Textabschnitt an. Das geht besonders gut bei Autofahrten oder beim Joggen.
- Kommentare wälzen, Kommentare wälzen, Kommentare wälzen – das ist bei mir oft der längste Teil der Vorbereitung.
- Ich versuche immer wieder, kreative Pausen einzubauen. Manchmal gehe ich während der Vorbereitung duschen, um auf andere Gedanken zu kommen. Meistens teile ich mir die Predigtvorbereitung auf mehrere Tage auf, um immer wieder Zeiten einzubauen, in denen ich mit meinen Gedanken schwanger gehen kann.
- Wenn ich über ein Thema predigen soll, in dem ich mich nicht zu Hause fühle, und genügend Zeit habe, versuche ich mindestens ein Buch zu dem Thema zu lesen. Für manche Predigten habe ich auch schon drei bis vier Bücher gelesen.

Ähnlich wie die Motivation können wir auch unser Wissen beeinflussen. Wir können etwas tun!

Grund 3: Wenig rhetorische Bildung

Predigtfloskeln

Immer wieder fehlt es Predigerinnen und Predigern an rhetorischen Grundlagen. Dort, wo die Wortwahl klischeehaft oder eintönig klingt, wird sie langweilig. In meiner freikirchlichen Prägung habe ich folgende Predigtfloskeln besonders oft gehört:

„Als ich gefragt wurde, ob ich diese Andacht halten würde, wusste ich erst nicht so richtig, was ich sagen soll. Dann habe ich länger nachgedacht und mir ist folgende Textstelle dazu eingefallen."

„Wir wollen jetzt ganz praktisch werden." (Rednerin oder Redner bleibt konsequent bis zum Schluss in der Theorie.)

„Was bedeutet das jetzt für uns? Wir sollten mehr ______________." (Du kannst hier wahlweise „mehr in der Bibel lesen", „mehr beten" oder „mehr evangelisieren" einsetzen.)

Ich weiß nicht, ob du diese oder ähnliche Formulierungen auch schon so oft gehört hast wie ich. Falls ja, geht es dir vielleicht genauso wie mir: Ich kann sie nicht mehr hören. Es fällt mir schwer, die Predigerin oder den Prediger nach solchen Äußerungen noch ernst zu nehmen. Sie zeigen mir, dass man sich nicht (mehr) die Mühe macht, den Predigtinhalt in Worte zu kleiden, die das Publikum noch nicht gewöhnt ist.

Bei manchen Rednerinnen und Rednern kommt noch dazu, dass sich ihre Predigtsprache radikal von der Alltagssprache unterscheidet. Natürlich unterscheidet sich unser Vokabular immer in gewisser Weise. Je nachdem, wo wir unterwegs sind, verwenden wir andere Worte. Mit unseren Eltern reden wir anders als mit einem Freund. Die Chefin wird anders begrüßt als der Arbeitskollege. Manchmal ist der Unterschied aber zu krass. Besonders im Kirchenkontext spricht man dann von einer „kanaanäischen Sprache". Damit meint man eine Ausdrucksweise, die aus einer Mischung von altertümlichen und bibelübersetzungsgeprägten Wörtern besteht. Sie grenzt sich deutlich von der Alltagssprache ab.

Kanaanäische Sprache	Alltägliche Sprache
„Liebe Geschwister, ist es nicht wunderbar, dass wir uns heute morgen hier versammeln können?“	„Ich freue mich schon richtig auf den Gottesdienst.“
„Und jetzt hören wir ein schönes Zeugnis von unserer Schwester Hanna.“	„Hanna wird uns gleich erzählen, was sie mit Jesus in ihrem Alltag erlebt hat.“
„Wir alle kennen Gemeindeglieder, die sich der Welt hingegeben haben.“	„Tobias möchte gerade nichts mehr mit unser Kirche zu tun haben.“

Und warum ist es jetzt gut, sich über schlechte Predigten zu ärgern?

Erst wenn wir wütend und enttäuscht über den gegenwärtigen Zustand sind, wollen wir die Umstände ändern. Aus dem Ärger heraus erwächst die Motivation, die Predigtsituation zu verändern.

Eine kleine Warnung

Aber Vorsicht! Zum einen ist es nicht schlimm, wenn eine Predigt auch mal langatmig wird. Das passiert den Besten. Schon Paulus hat manchmal so lange gepredigt, dass Menschen bei seiner Predigt eingeschlafen und gestorben (!) sind.[9] Seine Rede war wortwörtlich todlangweilig! Manchmal brauchen wir mehr Gnade mit den Predigerinnen und Predigern. Nicht jede Predigt kann optimal aufbereitet sein. Das ist natürlich keine Aufforderung zu schlechten Predigten. Aber es ist eine Anfrage an eine perfektionistische Predigtästhetik.[10]

Zum anderen muss der Ärger in Tatendrang umgewandelt werden. Wo das nicht geschieht, kann schnell Bitterkeit aufkommen. Es gibt viele, die über Kirche und Gottesdienst schimpfen, ohne etwas zu ändern. Das verdirbt nur die Atmosphäre. Was ist deine heilige Unruhe?[11] Eine heilige Unruhe entsteht oft dort, wo die Nöte von Menschen und deine Fähigkeiten aufeinandertreffen. Diese heilige Unruhe in dir ist eine gute Orientierung, wo du in deiner Kirche einen Unterschied machen kannst. Fang an, dich über Dinge zu ärgern! Und dann verändere die Situation.

Folgen von schlechten Predigten

Der Gelehrte Randall Bytwerk bringt es auf den Punkt, warum wir uns über schlechte Predigten ärgern sollten: „Wenn du dir nicht die Zeit nimmst, eine starke Predigt vorzubereiten, leiden wir alle!“[12] Schlecht vorbereitete Predigten kosten uns viel Geduld. Wir ertragen die schlechte Predigt und warten sehnsüchtig auf das Ende. Wenn das die einzige Konsequenz von schlechten Predigten wäre, wäre das schade, aber noch nicht so gravierend. Oft führen diese langweiligen Predigten aber auch dazu, dass es uns unangenehm wird, andere Menschen einzuladen.

Ich habe schon mit zu vielen gesprochen, die meinten: „Also Simon, ich versteh mich richtig gut mit den Leuten aus der Gemeinde und viele sind auch offen für neue Besucher. Aber solange die Gottesdienste [inklusive Predigt] nicht ansprechender gestaltet werden, lade ich keinen ein. Das wäre mir viel zu unangenehm.“

Darüber hinaus machen manche Kirchenmitglieder die Motivation für den Gottesdienstbesuch abhängig von der Person, die am Sonntag predigt. Sie verzichten also nicht nur darauf, Leute einzuladen, sondern kommen auch selbst nicht.

Auch wenn eine gute und spannende Predigt nicht die Lösung aller Probleme ist, ist sie ein Teil der Lösung.

Also:

Wir brauchen einen heiligen Zorn über schlechte Predigten!

TAKE-AWAYS FÜR DIE PREDIGT

- Hinterfrage die Motivation für deine kirchlichen Dienste. Tust du sie, weil du intrinsisch oder extrinsisch motiviert bist? In welchen Bereich deiner Gemeinde würdest du dich investieren, wenn du keine Dienste oder Verpflichtungen hättest? Wäre es genau der Bereich, in dem du gerade unterwegs bist?
- Erweitere deinen theologischen und rhetorischen Horizont. Um deinen theologischen Horizont zu erweitern, beginne zuerst mit Büchern, die dir aus deinem Bekanntenkreis empfohlen werden. Danach ist es hilfreich, breiter zu lesen. Die theologische Landschaft ist riesig.
- Nutze deinen Ärger über schlecht ausgeführte Dienste, um den Status quo zu verändern.
- Halte keine Predigt, bei der du dich selbst langweilst.
- Feile so lange an deiner Predigt, bis du selbst davon überzeugt bist.

TIEFER GRABEN

1. Gründe, warum viele Predigten schlecht sind

Welche Gründe fallen dir ein, warum manche Predigten so schlecht sind? Oder auch mal umgekehrt gefragt: Warum sind manche Predigten so gut? Warum können wir uns bei manchen Predigerinnen und Predigern über 45 Minuten konzentrieren, während wir bei anderen das Ende der Predigt herbeisehnen?

Deine Einschätzung:

2. Intrinsische und extrinsische Motivation

Wir alle haben Dienste in unseren Kirchen, die wir nur aus Pflichtbewusstsein erledigen. Aber welche Dienste tust du echt gerne? Wo geht dein Herz auf, auch wenn es anstrengende Phasen gibt? Es macht Sinn, diese Aufgaben in deiner Gemeinde zu priorisieren. Langfristig wird dir dies helfen, die Freude am Dienst nicht zu verlieren.

Deine Beobachtung:

TIEFER GRABEN

3. Heiliger Zorn in deiner Kirche

Wo nerven dich Dinge so sehr, dass du jeden Sonntag nach dem Gottesdienst nach Hause fährst und darüber nachdenkst, wie man es hätte besser machen können? Kannst du etwas ändern? Wenn ja, wie? Leg los!

Wenn nein, merkst du, dass in deinem Herzen Bitterkeit, Frust und Wut wächst? Bringe diesen Zorn vor Gott. Wir müssen lernen, immer wieder unsere Gedanken darauf zu trainieren, diese wütenden Gedanken bei Gott zu lassen. Leider können wir nicht alles ändern. Aber das, was wir ändern können, sollten wir ändern.

Deine Beobachtungen und dein Gebet:

EINE SACHE,
DIE DIR BESONDERS WICHTIG GEWORDEN IST

NOTIZEN

2 | DIE SPIRITUELLE DIMENSION DES PREDIGENS

Gott und die Vollmacht

Wir betrachten den häufig vernachlässigten Aspekt der Vollmacht. Welcher Teil der Verantwortung liegt bei Gott, welcher bei uns Predigerinnen und Predigern?

Gott und die Berufung

Wir untersuchen das Thema Berufung. Zur ersten Orientierung nenne ich vier mögliche Kriterien, an denen eine Berufung von Gott erkannt werden kann.

Die Predigerin / der Prediger und die Herzensarbeit

Die größte Herausforderung ist nicht die Predigtvorbereitung, sondern die Arbeit am eigenen Herzen.

Die Predigerin / der Prediger und das Innenleben

Wir betrachten das eigene Innenleben. Spiritualität und Frömmigkeit stehen hier im Vordergrund. Außerdem werden konkrete Übungen genannt, mit deren Hilfe unser Innenleben intakt bleiben kann.

DIE SPIRITUELLE DIMENSION DES PREDIGENS

Vor längerer Zeit kam ich mit einem Bekannten ins Gespräch über seine Predigtvorbereitung. Er stand noch am Anfang seiner „Predigtkarriere“ und hatte bisher keinen großen Erfahrungsschatz. Ich fragte ihn, wie die Vorbereitungen liefen. Seine Antwort war in etwa: „Weißt du, Simon, ehrlich gesagt wollte ich mich nicht großartig vorbereiten. Ich gehe einfach auf die Bühne und sage das, was der Heilige Geist mir sagt.“

Ich wusste zuerst nicht, wie ich darauf reagieren sollte. Meinte er das ernst? War es ein Witz? Hatte er vergessen, nach seiner Aussage zu lachen? Oder hatte er einfach einen großen Gottesglauben? Um die Situation zu entschärfen, sagte ich teils humorvoll, teils ernst zu ihm: „Am besten, du lässt den Geist Gottes nicht erst im Gottesdienst wirken, sondern schon in der Vorbereitung.“

Hinter dieser Erfahrung stecken mehrere Fragen. Welche Verantwortung hat Gott in der Predigt? Und welche Verantwortung haben wir als Predigerinnen und Prediger? Sollen beide Seiten gegeneinander ausgespielt werden? Oder können sie einander ergänzen?

Vier Aspekte dazu schauen wir uns genauer an.

1. Gott und die Vollmacht

Verschiedene Reaktionen

Die Erfahrung vieler Rednerinnen und Redner ist, dass Menschen völlig unterschiedlich auf ein und dieselbe Predigt reagieren. Es gibt z. B. folgende Reaktionen:

- *Die lebensverändernde Reaktion*. Die Predigt hat bei manchen Personen direkt ins Leben gesprochen. Sie wurden berührt und gehen mit einem veränderten Lebensstil nach Hause.
- *Die gleichgültige Reaktion*. Einige Zuhörerinnen und Zuhörer denken sich: „Na ja, das war heute Morgen aber keine Glanzleistung!“, oder sie waren gedanklich während der Predigt woanders.

- *Die enthusiastische Reaktion*. Besonders Menschen, die theologischen oder praktischen Tiefgang lieben, freuen sich über neue Erkenntnisse beim Studieren der Bibel oder beim Ausleben des christlichen Glaubens.
- *Die aufgebrachte Reaktion*. Manche Menschen sind sauer oder wütend über bestimmte Glaubensaussagen. Sie können nicht nachvollziehen, wie jemand so etwas glauben oder behaupten kann.

Woran liegt das? Ist es einfach nur Geschmackssache? Erreichen gewisse Predigten besonders einen bestimmten Persönlichkeitstypen? Oder ist es weder Geschmackssache noch von der Persönlichkeit abhängig?

Für diese Fragen gibt es sicherlich mehrere Antwortmöglichkeiten. Eine interessante Perspektive bietet uns eine Erzählung aus der Apostelgeschichte. Paulus und Silas reisten nach Philippi und verweilten einige Tage in der Stadt. Am Sabbat kamen sie an einen Fluss, an dem sich eine Gruppe von Frauen traf. Als sie ins Gespräch mit den Frauen kamen, wurde eine von diesen Frauen gläubig. In Apostelgeschichte 16,14 heißt es: „Unter den Zuhörerinnen war auch eine Frau namens Lydia. Sie handelte mit Purpurstoffen und kam aus der Stadt Thyatira. Lydia glaubte an den Gott Israels. Der Herr öffnete ihr das Herz, sodass sie die Worte des Paulus gerne aufnahm."

Warum schenkte Lydia den Worten von Paulus Beachtung? Weil Gott ihr das Herz auftat. Er gab Paulus die Macht, dass sich diese Frau auf seine Worte einlassen konnte. Interessant ist, dass vermutlich alle Frauen Paulus reden hörten. Aber nur von Lydia heißt es explizit, dass sie gläubig wurde.

Diese Erzählung zeigt auf eine schöne Weise, dass es nicht unsere Aufgabe ist, die Herzen der Menschen zu öffnen. Dazu sind wir nicht in der Lage. Diese Verantwortung trägt Gott.

In Bezug auf die Predigt heißt das: Der Unterschied zwischen einer guten und einer vollmächtigen Predigt liegt bei Gott. Nur er kann die Veränderung im Herzen und den Glauben an Jesus schenken. Doch der Unterschied zwischen einer guten und einer schlechten Predigt liegt bei uns als Predigerinnen und Prediger. In unserer Verantwortung liegt es, dass wir die Predigt gewissenhaft vorbereiten.

Gute, schlechte und vollmächtige Predigten

Sehr schön bringt es der Theologe Rudolf Bohren auf den Punkt, der in seiner Homiletik über Gott schrieb: „Er entscheidet über Wert und Unwert des Predigens und hat das letzte Wort nach der Predigt. An der Art und Weise seiner Anwesenheit entscheidet sich alles."[13]

Gott ist es, der die Verkündigung bevollmächtigt. Oder um es mit der orthodoxen Theologie des Ostens zu sagen: „[...] die ungeschaffenen Energien Gottes müssen das Sprachgeschehen erfüllen."[14]

Gott ist derjenige, der durch die Predigt wirkt. Er hat die Vollmacht. Diese Vollmacht, die nicht in uns, sondern in Gott ankert, hat für uns als Predigerinnen und Prediger zwei wichtige Konsequenzen.[15]

Erste Konsequenz

Die erste Konsequenz ist: Gottes Vollmacht lässt den Funken zu den Menschen überspringen.

Der Homiletiker Axel Denecke nahm sich nach seiner Pensionierung vor, ein Jahr lang verschiedene Gottesdienste zu besuchen. Einfach aus Lust und ohne jedes äußere „Muss". Nach und nach wurde aus einer anfänglichen Freude über die große Vielfalt der Gemeinden eine lähmende Eintönigkeit. Seine Gedanken über die verschiedenen Erfahrungen begann er zu verschriftlichen und machte später ein Buch daraus. Seine wichtigste Erkenntnis: Es fehlt den Predigten an Vollmacht. Er hat eher ohnmächtige als vollmächtige Predigten gehört.

Eine Beobachtung machte ihm dabei besonders viel Mühe:
„Die engagiertesten Predigten und die am besten besuchten Gottesdienste habe ich bei Pastoren erlebt, die eher dem ‚evangelikalen und charismatischen Lager' unserer Kirche und Theologie zuzurechnen sind. [...] Auch wenn der Stil der manchmal recht aufdringlichen

Bekenntnissprache mir nicht entspricht, mir zu laut, zu selbstsicher, zu wohlfeil, manchmal auch zu selbstverliebt, in allem zu fertig und endgültig erscheint, so kommt das doch zweifellos ‚an', es erreicht die Gemeinde, und der Funken scheint überzuspringen."[16]

Denecke betont auf unterhaltsame, witzige und manchmal vielleicht zu abgrenzende Weise, dass die vollmächtigen Predigten nicht dem „evangelikalen und charismatischen Lager" überlassen werden dürfen. Er wünscht sich auf der liberal-volkskirchlichen Seite vollmächtige Predigten. Für ihn stellt die belanglose und teilweise langweilige Predigt gegenwärtig ein großes Problem dar.

Klar ist: Egal aus welchem Lager man kommt, wir brauchen die Vollmacht Gottes, damit der Funke zu den Menschen überspringt. Es braucht Predigten, die zünden. Es braucht Predigten, die mit Gottes Reden rechnen.

Zweite Konsequenz

Die zweite Konsequenz ist: Gottes Vollmacht entlastet uns.

Wir können mit einer gesunden Gelassenheit predigen, weil Gott den Glauben schenkt und die Herzen öffnet. Seine Macht befreit uns von einem krampfhaften Erfolgsdenken und einer manipulierenden Rhetorik. Wir müssen nicht als Kampfsportlerinnen auftreten. Nicht als Frontkämpfer Gottes. Wir dürfen als entspannte Rednerinnen und Redner das Evangelium predigen.

Mich entlastet zusätzlich der Gedanke, dass Gott bei mir ist. In Matthäus 28 begegnet Jesus als der Auferstandene dem Jüngerkreis und sagt zu ihnen, dass ihm alle Vollmacht gegeben wurde. Mit dieser Perspektive sollen sie losziehen, um alle Völker zu taufen und sie alles zu lehren, was er ihnen geboten hat. Weiter heißt es: „Ich bin immer bei euch, *jeden Tag*, bis zum Ende der Welt!"[17]

Ich darf glauben und hoffen, dass Gott, während ich predige, wirklich zu mir kommt und bei mir ist. Ich darf darauf vertrauen, dass er in meinen Worten sein Wort sagt. Wenn er möchte, dann wird er durch seine Gegenwart und Macht aus meiner Predigt eine vollmächtige Predigt machen.

Es ist aber nicht nur die Vollmacht Gottes, die in seinem Verantwortungsbereich liegt.

2. Gott und die Berufung

Gottes Ruf

Gott ruft die gläubigen Menschen zu verschiedenen Diensten. Manche haben eine ausgeprägte Handwerksbegabung. Andere sind besonders kreativ. Wieder andere können sich sehr gut ausdrücken. Diese und viele weitere Fähigkeiten versteht Paulus in 1. Korinther 12–14 als Geschenke des Heiligen Geistes an die Kirche. Gott beruft Menschen, indem er ihnen verschiedene Fähigkeiten schenkt. In diesem Sinne hat jede Jesusnachfolgerin und jeder Jesusnachfolger eine individuelle Berufung.

In Römer 10,15 verknüpft Paulus die Verkündigung besonders eng mit der Sendung bzw. der Berufung Gottes. „Wie kann es eine Verkündigung [Predigt] geben, wenn niemand dazu ausgesandt wurde? – Doch gerade darüber steht in der Heiligen Schrift: ‚Welche Freude macht es, die Schritte der Boten zu hören, die die Gute Nachricht bringen!'"

Der baptistische Prediger Charles Haddon Spurgeon schreibt in seinem Buch „Ratschläge für Prediger", wie man diese Berufung zum Predigen entdecken kann. Er stellt vier hilfreiche Kriterien auf, woran ein Ruf Gottes in den Predigtdienst erkannt werden kann.[18] Auch wenn die Kriterien nicht erschöpfend sind, können sie bei einer ersten Orientierung helfen.

Kriterium 1: Ein feuriges, überwältigendes Verlangen nach dem Predigen

In den Gläubigen entwickelt sich eine unwiderstehliche Sehnsucht und ein brennender Durst, die Glaubensinhalte, die einen bewegen, anderen mitzuteilen. Biblische Inhalte. Das Wirken Gottes im eigenen Leben. Theologische Erkenntnisse. Recht einschneidend drückt es Spurgeon so aus: „Werde nicht Pfarrer, wenn es dir möglich ist, etwas anderes zu werden."[19]

Verlangen

Wenn dieses Verlangen da ist, dann stellt man die eigenen Bedürfnisse zurück, um den Hörerinnen und Hörern zu dienen. Man opfert sich für die Menschen auf. Wenn dieses Verlangen nicht da ist, wird man selbst über die Zeit unglücklich werden.

Übrigens sollte dieses Verlangen kein Strohfeuer sein. Es darf nicht nur ein bis zwei Monate anhalten. Es sollte über einen längeren Zeitraum auflodern und nicht zu stillen sein.

Kriterium 2: Die vorhandene Lehrbegabung

Lehrbegabung

Die Fähigkeit, sich vor mehreren Menschen verständlich mitteilen zu können, ist eine wichtige Grundlage für das Predigen. Dennoch reicht eine Redebegabung nicht aus. Wir benötigen ein freundliches Verhalten und ein Herz voller Liebe. Eine Begabung ohne reifes Verhalten kann viel Zerstörung bewirken. Oder zumindest eine Begabung ohne die Offenheit, immer reifer zu werden.

Kriterium 3: Die Bestätigung durch qualitatives und quantitatives Wachstum

Wachstum

Spurgeon formuliert noch schärfer, dass durch die Predigt Bekehrungen zustande kommen müssen. Wenn dies nicht der Fall ist, so hat sich die predigende Person in ihrer Begabung geirrt.[20] Allerdings sollten wir berücksichtigen, dass Bekehrungen wichtig, aber nicht zwingend notwendig sind. Eine Lehrbegabung geht nicht immer mit einer evangelistischen Begabung einher. Sie kann auch verstärkt in eine seelsorgerliche oder prophetische Richtung gehen. Wenn man allerdings die einzige Person in der Kirche ist, die predigt, dann muss man ganzheitlicher verkündigen. Wenn wir zwischen qualitativem und quantitativem Wachstum unterscheiden, können wir Wachstum sowohl an Bekehrungen als auch an Reifungsprozessen beobachten.

Kriterium 4: Die Bestätigung durch die lokale Gemeinde

Gemeinde

In den meisten Fällen gebraucht Gott unsere Mitmenschen in der Gemeinde, um uns zu ermutigen oder zu ermahnen. Auch wenn Ratschläge von Menschen nicht irrtumslos sind, sollten wir die Einschätzung anderer Menschen nicht verwerfen. Baue aber niemals nur auf eine einzige Meinung.

Doch nicht nur Gott trägt Verantwortung beim Predigen, sondern auch wir als Predigerinnen und Prediger.

3. Die Predigerin / der Prediger und die Herzensarbeit

Größte Herausforderung beim Predigen

Was ist die größte Herausforderung für dich beim Predigen? Was ist für dich besonders schwierig in der Vorbereitung? Vielleicht denkst du an Aspekte wie ...

1. eine gute Exegese liefern,
2. die Hauptaussage des Textes herausarbeiten,
3. die Predigt strukturieren oder
4. dauerhaft kreativ sein, um neue und spannende Themen vorzutragen.

Keine Frage. Das sind große Herausforderungen. Für den erfahrenen Prediger Rick Reed gibt es aber einen anderen Aspekt, der eine wesentlich größere Herausforderung darstellt:

„Die größte Herausforderung ist es, mein Herz Woche für Woche in guter Ordnung zu halten. Predigen ist nicht nur harte Arbeit. Es ist Herzensarbeit.“[21]

Achten wir nicht auf unser Innenleben, kann dies verheerende Auswirkungen haben. Immer wieder hört man von Menschen in Leitungspositionen, die ihre Macht missbrauchen, sexuell übergriffig werden oder zu einer Art von Narzissmus tendieren.

Diese Konsequenzen stellen sich nicht von jetzt auf gleich ein. Sie entwickeln sich über die Zeit, weil das eigene Herz nicht in Ordnung gehalten wird. Das Leben einer Christin und eines Christen sollte von ständiger Umkehr gekennzeichnet sein. Die Umkehr bringt uns wieder zurück auf den richtigen Weg. Oder um es mit den Worten des syrischen Mönches und Mystikers Johannes von Dalyatha zu sagen: „Die Umkehr bringt das Leben wieder, das aus der Taufe der Vergebung kam. [...] Die Umkehr ist die Mutter des Lebens.“[22]

Acht Herzprobleme

Es gibt verschiedene Herzprobleme, denen wir uns stellen müssen. Damit wir uns unserer eigenen Versuchungen bewusst werden können, möchte ich acht Beispiele nennen.[23]

Herzproblem 1: Vergleich

Wer kennt es nicht: Wir vergleichen uns schnell mit anderen Predigerinnen und Predigern. Man kann sich auf verschiedensten Ebenen vergleichen:

- Vergleich der Fähigkeiten (rhetorische und exegetische Kompetenzen)
- Vergleich der Möglichkeiten (andere bekommen mehr Anfragen für Konferenzen, von anderen Kirchen oder theologischen Ausbildungsstätten)
- Vergleich des Einflusses (Gott wirkt durch andere stärker)
- Vergleich der Einkünfte (entweder mit Angestellten aus anderen Gemeinden oder aus anderen Berufswelten)

Herzproblem 2: Bedeutungslosigkeit

Wahrscheinlich werden die wenigsten von uns in der christlichen oder säkularen Landschaft besonders einflussreich werden. Vielleicht noch nicht mal in der eigenen Gemeinde. Dennoch kann es einen aufwühlen, wenn man aus anderen Kirchen hört, wie stark sie wachsen.

Herzproblem 3: (Fleißige) Faulheit

Die meisten von uns sind wahrscheinlich rund um die Uhr beschäftigt. Es gibt aber auch eine „fleißige Faulheit". Menschen im pastoralen Dienst haben immer etwas zu tun. Und weil man so viel zu tun hat, kann sich eine Faulheit in der Predigtvorbereitung einschleichen. Die Exegese oder Anwendung wird weggelassen. Das Gebet für die Predigt kommt zu kurz.

Herzproblem 4: Stagnation

Nach mehreren Jahren Predigterfahrung richtet man sich auf einem Niveau ein, das nicht weiter gesteigert wird. Die Predigerin oder der Prediger wird zu gemütlich. Sie oder er bleibt auf der Stelle stehen.

Herzproblem 5: Kritik

Auf mindestens drei Ebenen können wir Kritik ernten:

- Es kann kritisiert werden, was wir sagen (Inhalt).
- Es kann kritisiert werden, wie wir es sagen (Rhetorik).
- Es kann kritisiert werden, wie wir uns verhalten (Charakter).

Diese Formen der Kritik können auf verschiedene Weisen weitergegeben werden:

- Kritik wird anonym geäußert.
- Kritik wird analytisch geäußert.
- Kritik wird verärgert geäußert.

Einige lassen sich Kritik so stark zu Herzen gehen, dass sie beginnen, sich zu sehr auf die Menschen zu konzentrieren.

Herzproblem 6: Nicht engagierte Zuhörerinnen und Zuhörer

Es kann sehr entmutigend sein, zu Zuhörerinnen und Zuhörern zu reden, die nicht wirklich anwesend sind. Besonders zwei „Zuhörertypen" wühlen viele Rednerinnen und Redner auf.

Da gibt es zum einen den dösenden Zuhörertyp. Diese Person glaubt zwar, dass sie zuhört, ist aber eigentlich schon im Halbschlaf. Manchmal atmet sie etwas lauter, als man es im Gottesdienst tun sollte. Gelegentlich wird sie oder er von der Sitznachbarin oder dem -nachbarn angestupst, weil aus dem Zuhören dann doch ein ganz unerwarteter Kurzschlaf wurde.

Zum anderen gibt es den empörten Zuhörertyp. Dieser Mensch hat meistens die Arme verschränkt und schaut mit kritischem Blick nach vorne. Du weißt, dass sie oder er von bestimmten Aussagen oder Wörtern getriggert sein wird, wenn du bestimmte Aussagen triffst. Vielleicht sucht sie oder er dich sogar nach dem Gottesdienst auf und spricht dich darauf an.

Herzproblem 7: Die 24 Stunden nach der Predigt

Der Sonntag selbst und der Tag danach sind in gewisser Hinsicht vergleichbar mit dem Morgen nach einer Feier, die bis tief in die Nacht ging. Wir fühlen uns ausgelaugt, müde und verspüren eine innere Leere.

Spurgeon schreibt: „Wie oft ist es uns am Sonntagabend, als wäre alles Leben aus uns weggespült. Wir haben unsere Seele über unsere Gemeinde ausgeströmt und kommen uns wie ein leerer irdener Krug vor, den ein Kind zerbrechen könnte.“[24]

In diesen ausgelaugten Stunden wird immer wieder zu erotischen oder alkoholischen Mitteln gegriffen. In den 24 Stunden nach der Predigt sollte man seine Zeit mit Bedacht gestalten.

Herzproblem 8: Bitterkeit

Oft geht es in der Gemeinde nicht so schnell voran, wie man es möchte. Viele Veränderungsprozesse brauchen ihre Zeit. Teilweise stellen sich auch Gemeindeglieder oder Verantwortliche gegen bestimmte Entwicklungen. Da kann sich über die Zeit Bitterkeit im Herzen ansammeln.

Herzprobleme müssen beseitigt werden. Allerdings sollten wir nicht dabei stehen bleiben. Statt auf Versuchungen und Probleme immer nur zu reagieren, müssen wir proaktiv werden. Es geht darum, den inneren Menschen zu stärken.

4. Die Predigerin / der Prediger und das Innenleben

Seelenpflege

Der Philosoph Dallas Willard legt in seinem Aufsatz „Wie pflege ich meine Seele? (Nicht nur) für Pastoren“ einen besonders starken Schwerpunkt auf die geistliche Formung. Er betont, dass der Schlüssel zu einem ausgewogenen Leben die Zusammenarbeit zwischen Gott und mir in den verborgenen Räumen meines Selbsts ist.[25] Räume ich mit Gottes Hilfe in meinem Innenleben auf, werde ich ein ertragreiches Leben führen. Kümmere ich mich nicht um meine verborgenen Räume, bleibt die erwünschte Frucht aus.

Treffend schreibt Willard: „Neunundneunzig Prozent dessen, was wir als Pastoren den Leuten sagen, werden sie wieder vergessen. Was sie behalten werden, ist, was für ein Mensch wir sind. [...] Im Klartext bedeutet das: Die Qualität unserer Seele ist es, die die Menschen um uns herum prägt, ob zum Guten oder zum Schlechten."[26]

Es geht um unsere Seele.

Unser Innenleben.

Unseren Charakter.

Zentral ist nicht die Aufmachung der Predigt. Zentral ist unser Inneres. Nicht umsonst gebraucht Jesus in der Bergpredigt das Bild eines Baumes.[27] Gute Bäume bringen gute Früchte hervor. Schlechte Bäume bringen schlechte Früchte hervor. Auf die Pflege des Baumes kommt es an. Wo ist er verwurzelt? Bekommt er genügend Nahrung? Ist er vor Ungeziefer geschützt?

Ich stelle diesen Aspekt bewusst vor jeden technischen Schritt, der für die Predigtvorbereitung notwendig ist. Warum?

Weil es in erster Linie nicht darum geht, eine rhetorisch und exegetisch saubere Predigt zu halten, sondern Gottes Liebe, Barmherzigkeit und Gerechtigkeit in der Verkündigung auszustrahlen. Den stärksten Inhalt stellt die Rednerin oder der Redner selbst dar.

Deine Persönlichkeit ist deine stärkste Predigt.

Allerdings bringen wir oft ein hohes Ideal von Frömmigkeit mit, aber es fehlt uns an Mitteln, um es zu erreichen. Ideal und Methode klaffen stark auseinander.[28] Welche Übungen können uns also bei unserer geistlichen Formung helfen?[29]

Übung 1: In Gottes Gegenwart leben

Gottes Gegenwart

Die wichtigste Übung, um unser Innenleben zu pflegen, ist das beständige Leben in der Gegenwart Gottes. Immer wieder finden wir in den Psalmen die Beobachtung, dass Gott bei den Psalmisten war und sie Gott vor Augen hatten. „Der HERR steht mir immer vor Augen. Mit ihm an meiner Seite falle ich nicht."[30]

Die Disziplin, die Gegenwart Gottes zu praktizieren, wird oft mit dem französischen Mönch Bruder Lorenz aus dem siebzehnten Jahrhundert in Verbindung gebracht. Er sehnte sich danach, ein ständiges Gespräch mit Gott zu führen, egal was er tat.

Lorenz schreibt aus seiner Erfahrung heraus: „Wir brauchen weder Kunst noch Wissenschaft, um zu Gott zu gelangen. Alles, was wir brauchen, ist ein Herz, das fest entschlossen ist, sich ausschließlich ihm zu widmen, um seiner selbst willen, und nur ihn allein zu lieben."[31]

Entscheidend ist, dass wir unser Herz auf Gott ausrichten. Die Übung des Lebens in der Gegenwart Gottes kann uns dabei helfen, das im Alltag immer wieder zu tun. Es gibt viele Möglichkeiten, wie diese geistliche Übung praktiziert werden kann.

1. Wenn dir im Laufe des Tages ein Lied in den Sinn kommt, achte auf das Reden Gottes. Könnte dieses Lied ein Wort Gottes an dich sein? Wenn ja, sage Gott, was es für dich bedeutet, dass er dir auf diese Weise nahekommt.
2. Gottes Gegenwart kann in den täglichen Unterbrechungen des Tages praktiziert werden. In einer Kaffeepause, in der Zahnarztpraxis oder an der Bushaltestelle. Indem du bei diesen Unterbrechungen des Tages in der Gegenwart Christi lebst, sagst du Jesus: „Ich bin hier". Jesus wirkte laut den Evangelien oft in Zeiten der Unterbrechung. Als er unterbrochen wurde, heilte er eine Frau mit starken Blutungen und weckte ein bereits verstorbenes Mädchen von den Toten auf.[32]
3. Die Konzentration auf Jesus wird leichter, wenn man bedeutende Abschnitte aus der Bibel auswendig lernt. Passagen wie die Bergpredigt im Matthäusevangelium, das Hohelied der Liebe im 1. Korintherbrief oder der Christushymnus im Philipperbrief können besonders gut memoriert werden.

Übung 2: Stille und Einsamkeit

Stille und Einsamkeit

Eine der simpelsten Übungen ist es, bewusst die Einsamkeit und Stille zu suchen. Oft merken wir erst im Alleinsein mit Gott, dass wir ein Innenleben haben. Statt uns aber auf unser Inneres zu konzentrieren, versuchen wir uns ständig abzulenken. Mit Gemeinschaft, Arbeit, Musik, Aktionen, Smartphones, Filmen und Serien.

Manchmal kann es unerträglich sein, still zu werden. Es geht aber darum, die eigene Seele von Gott durchleuchten zu lassen. Und das kann auch mal unangenehm werden.

Mit den Worten des Priesters Franz Jalics: „Ich kenne keinen besseren Therapeuten als die Stille. Die Stille arbeitet in der Tiefe. Ich finde das hundertfach leichter, als sich selbst zu verändern."[33]

Stille und Einsamkeit sind die „[...] Grundrechte unserer Seelenpflege."[34] Unser Innenleben hat ein Recht darauf, zu ruhen. Dieses Recht sollten wir der Seele gewähren.

Wer innehält, erhält inneren Halt.

(Der Spruch eignet sich gut für einen Tassenaufdruck, oder?)

Weitere geistliche Übungen

Große Bandbreite an Übungen

Es gibt keine vollständige Liste von geistlichen Übungen. Jede Handlung, die uns näher zu Gott führt, kann zu einer geistlichen Übung werden. In Gottes Gegenwart zu leben ist gewissermaßen die Grundlage für viele weitere Praktiken. Mit dieser Erfahrung im Hinterkopf ergeben sich viele weitere Handlungen, die man sich aneignen kann.

- Fasten
- Bescheidenheit
- anderen Menschen dienen
- Gerechtigkeit
- Feiern
- Abstinenz
- Pflege der Erde
- Beten
- Schriftmeditation
- Tagebuch schreiben
- Gemeinschaft
- Gastfreundschaft
- Unterordnung
- Sündenbekenntnis
- ...

Diese Liste kann beliebig ergänzt werden. Die Seelenpflege darf nicht auf das Lesen der Bibel und das gesprochene Gebet reduziert werden. Wichtig ist: Es gibt eine große Bandbreite an Praktiken.

Halten wir also fest:

Gott schenkt die Vollmacht.

Gott ruft die Menschen in den Dienst.

Wir arbeiten an unserem Herzen.

Wir stärken unser Innenleben.

TAKE-AWAYS FÜR DIE PREDIGT

- Wir sind nicht verantwortlich für eine vollmächtige Predigt. Wir sind verantwortlich für eine gute Predigt.
- Das Wirken des Heiligen Geistes rechtfertigt nicht eine schlechte Vorbereitung.
- Gott ist es, der Predigerinnen und Prediger beruft.
- Die härteste Arbeit ist nicht die Exegese oder die Strukturierung der Predigt. Die härteste Arbeit ist die Herzenspflege.
- Sehr vieles von unseren Predigten werden die Menschen nach mehreren Wochen vergessen. Was bleibt, ist deine Persönlichkeit. War deine Verkündigung liebevoll, barmherzig und ausgewogen? Oder hast du Bitterkeit, Provokation und Herablassung vermittelt?

TIEFER GRABEN

1. Berufung entdecken

Nach Spurgeon gibt es vier Kriterien, die erkennen lassen, ob eine Berufung zum Predigen vorliegt. Diese Kriterien sind allerdings so allgemein, dass sie für viele weitere Bereiche in der Kirchen- und Arbeitswelt anwendbar sind.

a. Ein feuriges, überwältigendes Verlangen
b. Die eigenen Begabungen und Fähigkeiten
c. Die Bestätigung durch qualitatives und quantitatives Wachstum
d. Die Bestätigung durch die lokale Gemeinde oder deinen Arbeitgeber

Wo siehst du deine Stärken? Für was brennt dein Herz? Wurdest du bestätigt, indem du hilfreiche Rückmeldungen bekommen hast? Oder indem du Menschen gesehen hast, die sich durch deinen Einfluss verändert haben? Dies können Hinweise sein, auf welchen Dienst du dich konzentrieren solltest.

Deine Einschätzung:

TIEFER GRABEN

2. Deine Herzensprobleme

Wir alle erleben unterschiedliche Herausforderungen. Welche Versuchungen machen dir besonders zu schaffen? Gibt es Probleme, von denen du dich heute noch einmal bewusst abwenden möchtest? Du kannst diese Herzprobleme ankreuzen und im Gebet Gottes Vergebung in Anspruch nehmen.

- o Vergleich
- o Bedeutungslosigkeit
- o (Fleißige) Faulheit
- o Stagnation
- o Kritik
- o Nicht engagierte Zuhörerinnen und Zuhörer
- o Die 24 Stunden nach der Predigt
- o Bitterkeit

Deine Beobachtungen und dein Gebet:

TIEFER GRABEN

3. Dein Innenleben

Wir sollten unsere Seele pflegen. Es gibt viele Arten von geistlichen Übungen, die wir praktizieren können, um unser Innenleben intakt zu halten. Welche Praktik möchtest du in deinen Alltag etablieren?

Eine Praktik, die ich in meine alltägliche Routine integrieren möchte:

EINE SACHE,
DIE DIR BESONDERS WICHTIG GEWORDEN IST

NOTIZEN

3 | WWJP – WIE WÜRDE JESUS PREDIGEN?

Der feine Unterschied zwischen Lehre und Predigt bei Jesus

Wir machen uns Gedanken darüber, ob wir die Begriffe „Lehre" und „Predigt" voneinander trennen können.

Das Einprägsame in Jesu Reden

Wir schauen uns an, wie einprägsam und prägnant Jesus kommuniziert hat. Wie schaffte er es, dass seine Reden sich in das Gedächtnis seiner Hörerinnen und Hörer einprägten?

Das Rätselhafte in Jesu Reden

Wir beschäftigen uns mit dem Rätselhaften in Jesu Kommunikation. Es geht um die Frage, warum Jesus die Menschen damals immer wieder überraschte und faszinierte.

WWJP – WIE WÜRDE JESUS PREDIGEN?

Der größte Kommunikator mit dem weitreichendsten Einfluss lebte vor ungefähr 2000 Jahren. Er besaß keine akademischen Abschlüsse. Er schrieb kein Buch. Er stand nie vor einer Klasse und unterrichtete. Er benutzte keine PowerPoint-Folien und seine Predigtnotizen waren nicht auf einem iPad gespeichert (ganz abgesehen davon, dass in der Antike generell ohne Notizen gesprochen wurde). Trotzdem breitete sich seine Botschaft rasant aus.

Seine Nachricht? Das Evangelium von dem Anbruch des Königreiches Gottes.

Sein Publikum? Von den Reichen bis zu den Armen, den Ausgestoßenen bis zu den Privilegierten, den Kranken bis zu den Gesunden und von der breiten Masse bis zu einzelnen Menschen.

Sein Name? Jesus von Nazareth.

Seine Titel? Herr. Menschensohn. Lehrer.

Jesus als Lehrer

Ungefähr 70-mal wird Jesus in den Evangelien als Lehrer bezeichnet.[35] Seine Wirkung als Lehrer war beachtlich. Seine Zuhörerinnen und Zuhörer „[...] waren beeindruckt und wunderten sich zugleich über die Worte, die ihm geschenkt wurden".[36] Als er die Bergpredigt beendete, „[...] war die Menge überwältigt von seiner Lehre, denn er sprach mit Vollmacht".[37] Und im Gespräch mit den Sadduzäern über die Auferstehung der Toten gab er eine Antwort, über die „[...] einige der Schriftgelehrten [sagten]: ‚Lehrer, das war eine gute Antwort!'"[38]

Aber können wir überhaupt wie Jesus predigen und lehren? Schließlich ist Jesus Gott. Die Antwort liegt in der Beobachtung, dass Jesus auch Mensch war. Als Mensch erlebte er genau wie wir eine Pubertät, war müde und brauchte etwas zu essen und zu trinken. Er musste genauso lernen zu kommunizieren wie wir.

Allerdings ist es wichtig, dass wir die kulturelle und historische Entfernung zwischen dem Palästina des ersten Jahrhunderts und unserer heutigen Situation wahrnehmen und nicht alles eins zu eins auf uns heute übertragen.[39]

Auch wenn Jesus nicht in erster Linie gekommen ist, um uns in Rhetorik und Homiletik zu schulen, können wir dennoch viel von ihm lernen. Beachtlich ist nämlich nicht nur, was er sagt, sondern auch, wie er es sagt.

Der feine Unterschied zwischen Predigt und Lehre bei Jesus

Vermischung von Predigt und Lehre

In manchen Kirchengemeinden haben die Predigerinnen und Prediger das Anliegen, das Publikum theologisch weiterzubilden. Und das ist ein gutes Anliegen. Trotzdem gestalten viele die Predigten aus dieser Motivation heraus lang und kompliziert. Manche verlieren sich in theologischen Spitzfindigkeiten, die vielleicht für eine kleine Gruppe in der Gemeinde spannend sind. Für die gewöhnlichen Gottesdienstbesucherinnen und -besucher ist dies aber weniger hilfreich.

Meines Erachtens ist das dahinterliegende Problem, dass man nicht zwischen Predigt und Lehre unterscheidet. Die Folge einer starken Vermischung von Predigt und Lehre ist, dass Rednerinnen und Redner ihre Predigten mit Themen überfrachten, die eigentlich in die Lehre gehören. Das kann sich negativ auf die Predigtqualität und auf das Wachstum der Gemeinde auswirken.

Bei Jesus finden wir diese feine Unterscheidung. Manchmal heißt es, dass er zu den Menschen ging und zu ihnen predigte. Manchmal lesen wir aber auch davon, dass er sie lehrte.

Drei Hauptaufgaben

Nach Matthäus 4,37 kann Jesu Dienst in drei Hauptaufgaben unterteilt werden: „Jesus zog durch ganz Galiläa. Er lehrte in ihren Synagogen und verkündete [predigte] die Gute Nachricht vom Reich. Er heilte jede Krankheit und jedes Leiden im Volk."[40]

Lehren.

Predigen.

Heilen.

Heilen können wir schnell abgrenzen von Lehren und Predigen. Aber können wir auch Lehre und Predigt unterscheiden?

Jesu Predigt

Predigten zu Beginn seines Dienstes

Über Jesu Predigten wird besonders zu Beginn seines Dienstes häufig berichtet, während seine Lehren zu jeder Zeit seines öffentlichen Wirkens zu finden sind.[41] Über die Zeit nimmt die Häufigkeit seiner Predigten ab.

Inhalt

Leider sind uns die genaueren Ausführungen von Jesu Predigten nicht überliefert. Der inhaltliche Fokus lag oft auf den zentralen Themen der Herrschaft Gottes und Umkehr. „Johannes der Täufer wurde ins Gefängnis geworfen. Danach kam Jesus nach Galiläa und verkündete [predigte] die Gute Nachricht von Gott: ‚Die von Gott bestimmte Zeit ist da. Sein Reich wird sichtbar in der Welt. Ändert euer Leben und glaubt dieser Guten Nachricht.'"[42] Darüber hinaus wissen wir, dass er über Umkehr,[43] Freiheit und Anbruch des Gnadenjahres Gottes predigte.[44] Diese Predigten haben einen ausrufenden und einladenden Charakter. Aller Wahrscheinlichkeit nach sind diese Predigten wesentlich kürzer und knapper ausgefallen als Jesu Lehren.

Halten wir also zu Jesu Predigten fest: Sie finden zu Beginn seines öffentlichen Auftretens statt. Sie behandeln zentrale und grundlegende Themen wie Herrschaft Gottes und Umkehr. Sie sind ausrufend und einladend. Sie sind kurz.

Jesu Lehre

Lehren in jeder Phase seines Dienstes Die Lehren Jesu sind uns in den Evangelien wesentlich ausführlicher beschrieben. Über sie wird uns nicht nur zu Beginn seines Dienstes berichtet, sondern sie ziehen sich durch die gesamte Zeit seines öffentlichen Auftretens. Sie sind am Anfang zu finden, aber auch kurz vor seiner Kreuzigung.

Inhalt Nachdem die Zuhörerinnen und Zuhörer mit dem Inhalt der Predigt in Kontakt gekommen waren, vertiefte Jesus diesen Inhalt in seinen Lehren. Diese Lehren waren thematisch wesentlich vielfältiger als seine Predigten. Das Evangelium nach Matthäus legt einen besonderen Schwerpunkt auf seine Lehren. Hier seine zentralsten Reden:

- Die Berglehre[45]
  (Mt 5–7)
- Die Unterweisung an seine zwölf Jünger
  (Mt 10)
- Die Gleichnisse über das Himmelreich
  (Mt 13)
- Die Gemeinderede
  (Mt 18)
- Die Pharisäer- und Endzeitrede
  (Mt 23–25)

Schon auf den ersten Blick kann man erkennen, dass die Lehren inhaltlich viel abwechslungsreicher waren als die Predigten. In diesen Lehren geht es weniger um Ausrufe, sondern vielmehr um Ausführungen. Ausrufe sind kurz und prägnant. Ausführungen sind lang und wortreich. Ausrufe sind einladend. Ausführungen sind erklärend.

Auch hier können wir festhalten: Jesu Lehren vertiefen die Inhalte der Predigt. Sie sind thematisch breit. Sie sind ausführlich und erklärend.

Überschneidungen Dennoch können Predigt und Lehre in Jesu Reden nicht scharf voneinander getrennt werden. Es gibt überlappende Elemente. Achte auf die folgende Wortwahl im Matthäusevangelium und dann im Lukasevangelium. Zuerst Matthäus:

„Jesus ging wieder in den Tempel. Während er dort *lehrte*, kamen die führenden Priester und Ältesten des Volkes zu ihm."[46]

Lukas beschreibt dieselbe Situation mit etwas anderen Worten:

„Dann, eines Tages, war Jesus wieder einmal im Tempel. Er *lehrte* das Volk und *verkündete* [predigte] die Gute Nachricht."[47]

Für Matthäus gehört das Predigen zur Lehre, während Lukas Predigen und Lehren auseinanderhält. Kann es aber trotzdem hilfreich sein, zwischen Predigt und Lehre zu unterscheiden, auch wenn sich die Bedeutungen überschneiden?

Akzente

Ich glaube, ja. Der feine Unterschied zwischen Predigt und Lehre kann dabei helfen, verschiedene Akzente zu setzen. Wie weiter oben beschrieben, halten einige Predigerinnen und Prediger zu ausufernde Predigten. Sie versuchen, Fragen zu beantworten, die eher in Veranstaltungen wie einem Bibelkreis diskutiert werden können. Sie sprechen Themen an, die erst in späteren Glaubensphasen relevant werden. Eine Unterscheidung kann dabei helfen, sich dieser Schwerpunktsetzungen bewusst zu werden. Ich schlage vor, dass man Predigt und Lehre folgendermaßen voneinander abgrenzt:

Predigt:

- In der Predigt wird wenig bis kein biblisches Wissen vorausgesetzt.
- In der Predigt werden grundlegende Themen besprochen.
- Die Predigt hat einen ausrufenden und einladenden Charakter.

Lehre:

- In der Lehre werden komplexere theologische Themen diskutiert.
- In der Lehre wird an Vorwissen angeknüpft und Inhalte werden vertieft.
- Die Lehre hat einen erklärenden und erläuternden Charakter.

Das Verbindende zwischen Lehre und Predigt können immer wieder Inhalte aus Bibel und Sekundärliteratur sein. In beiden „Redegattungen" geht es um biblisch-theologische Inhalte.

Mir hilft diese Illustration, um Predigt und Lehre zu unterscheiden, aber dennoch zusammen zu denken.

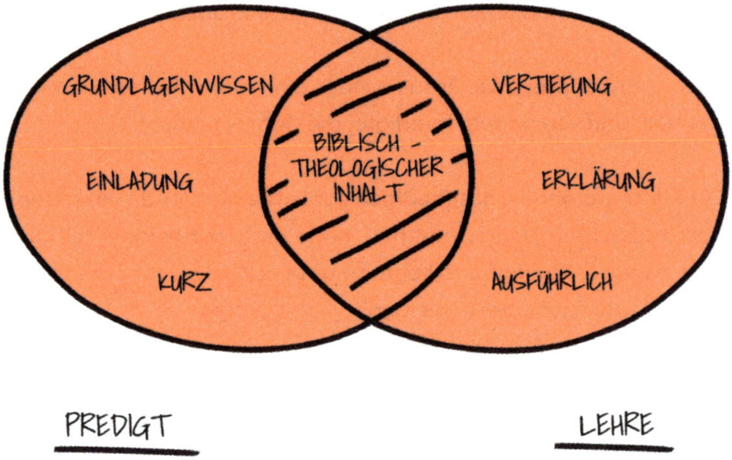

Wir können von Jesus aber nicht nur lernen, wie er zwischen Predigt und Lehre unterschied. Auch seine rhetorischen Fähigkeiten sind beachtlich.

Wie hat Jesus kommuniziert? In den Evangelien werden uns die Reaktionen von Menschen beschrieben, die von Jesu Worten beeindruckt waren, aber auch verwundert reagiert haben.

Der Journalist Markus Spieker bringt es auf den Punkt: „Jesu Sprüche, Geschichten und Reden sind lauter verbale Kunstwerke. Sie sind einerseits kurz, schnörkellos, leicht verständlich. Andererseits überraschend, mysteriös, spannend, beeindruckend.“[48]

Zuerst wollen wir uns mit der Einprägsamkeit in Jesu Reden beschäftigen. Als Zweites geht es dann um die mysteriöse und rätselhafte Seite von Jesu Aussagen.

Das Einprägsame in Jesu Reden

Jesus war ein Meister der einprägsamen Worte. Er wusste, wie man die Aufmerksamkeit der Menschen gewinnt. Er setzte rhetorische Stilmittel ein, ging auf die Lebenswelt seiner Zuhörerinnen und Zuhörer ein und beherrschte auf eindrückliche Weise das Storytelling.

Rhetorische Stilmittel

Lass uns zuerst die rhetorischen Stilmittel betrachten. Eine wichtige Technik, die Jesus des Öfteren gebrauchte, war die Übertreibung. Jesus hatte kein Problem damit, steile Statements rauszuhauen. Nicht ohne Grund waren die Leute damals von Jesus gleichermaßen fasziniert wie geschockt. Er sagte Dinge wie:

„Wer zu mir kommt und nicht Vater und Mutter, Frau und Kinder, Brüder und Schwestern und dazu auch sein eigenes Leben hasst, kann nicht mein Jünger sein."[49]

„Wenn dich dein rechtes Auge zum Bösen verleitet: Reiß es aus und wirf es weg! Es ist besser für dich, ein Körperteil zu verlieren, als ganz in die Hölle geworfen zu werden."[50]

„Wie schrecklich wird es für euch Schriftgelehrte und Pharisäer sein! Ihr Scheinheiligen! Denn ihr reist über Land und Meer, um einen einzigen Anhänger zu gewinnen. Doch wenn er es geworden ist, dann macht ihr ihn zu einem Anwärter auf die Hölle: Er wird doppelt so schlimm wie ihr."[51]

Familie hassen?

Körperteile ausreißen?

Jemanden zu einem Anwärter auf die Hölle machen?

Nachdem Jesus diese Sätze gesagt hatte, herrschte vermutlich völlige Stille. Mit diesen groben Übertreibungen zog er die Aufmerksamkeit auf sich.

Jesus arbeitete auch gerne mit Paradoxen. Wie fesselnd müssen die Worte gewesen sein, mit denen er die Bergpredigt begann. Wohl niemand hätte damals gedacht, dass gerade die Armen im Geiste, die Trauernden und die Gewaltlosen diejenigen sind, denen der Segen Gottes zugesprochen wird.

Auch andere Gruppen werden von Jesus hervorgehoben. Jesus sagte zum führenden Priester und den Ältesten des Volkes: „Die Zolleinnehmer und die Huren kommen eher in das Reich Gottes als ihr."[52]

Das saß! Dass damals niemand von den Verantwortlichen seinem Nebenmann „Steinigung um 17 Uhr am Tempelberg" zugeflüstert hat, wundert mich. Stattdessen ließen sie Jesus vollständig ausreden. Erst danach heißt es, dass „sie ihn am liebsten verhaften lassen [hätten], aber sie fürchteten sich vor der Volksmenge. Denn die Menschen hielten Jesus für einen Propheten."[53]

Lebenswelt Jesus beherrschte aber nicht nur die rhetorischen Stilmittel. Er kannte auch die Lebenswelt seiner Zuhörerinnen und Zuhörer. Er verknüpfte bewusst die Erfahrungen des Alltags mit seinen Reden.

Im Johannesevangelium sind uns die „Ich-bin-Worte" von Jesus überliefert worden:

„Ich bin das Brot des Lebens."[54]

„Ich bin das Licht dieser Welt."[55]

„Ich bin der wahre Weinstock."[56]

In diesen und weiteren „Ich-bin-Worten" werden Bilder aufgegriffen, die den damaligen Menschen geläufig waren. Jesus spricht aber in der Regel nicht abstrakt darüber. Mit seinen Worten vom Brot greift er den Hunger auf, der ein Grundbedürfnis des Menschen ist. Er holt seine Zuhörerinnen und Zuhörer dort ab, wo sie stehen. Sie merken: Er nimmt ihre Bedürfnisse wahr.

Es geht aber noch weiter. Jesus transformiert diese Bilder. Der gewöhnliche Hunger wird zu einem theologischen Hunger. Das Verlangen nach Licht wird zu einer geistlichen Angelegenheit. Die Verbindung zwischen der Rebe und dem Weinstock wird zu einer Aufforderung, in ihm zu bleiben.

Oder um es mit den Worten des Theologen Ruben Zimmermann zu sagen: „Die johanneischen Bilder brechen auf und gehen über die alltägliche Realität und Erfahrung der Menschen hinaus."[57]

Jesus und die Alltagswelt werden miteinander verknüpft und das Alltägliche erfährt eine neue Dimension. Auf diese Weise weckt Jesus den Glauben seiner Zuhörerinnen und Zuhörer.

Storytelling

Außerdem war Jesus ein Meister im Storytelling. Die meisten bekannten Reden von Jesus sind uns als Erzählungen überliefert worden. Oft werden diese Erzählungen auch Parabeln oder Gleichnisse genannt. Besonders bekannt sind Jesu Gleichnisse vom verlorenen Schaf, vom verlorenen Sohn und vom barmherzigen Samariter.

Die meisten Parabeln können, wie auch andere Arten von Erzählungen, in sechs Teile unterteilt werden:

1. Eröffnungssituation: Zu Anfang werden die nötigen Hintergrundinformationen gegeben, damit man das Wichtigste versteht. Die Erzählung beginnt mit einleitenden Sätzen wie: „Das Reich Gottes gleicht einem Senfkorn ..." Charaktere werden uns vorgestellt, z. B. mit Worten wie: „Ein Mann hatte zwei Söhne."
2. Konflikt: Nach der Einführung ergibt sich ein Problem. Dieses Problem entwickelt sich zu einem Konflikt. Der Konflikt ist das Herz der Handlung. Er hält alles zusammen.
3. Steigende Spannung: In diesem Teil der Erzählung geht es um den Prozess, wie dieser Konflikt gelöst werden soll. Für gewöhnlich ist das der längste Teil der Geschichte.
4. Klimax: Beim Höhepunkt angelangt, ist der Konflikt am schlimmsten. Kurz danach folgt in einer Art Wendepunkt die Lösung.
5. Lösung: Hier wird die Antwort auf den Konflikt gegeben. Bei Parabeln ist meist hier der Punkt, an dem die Erzählung mit dem realen Leben verknüpft wird.
6. Schluss: Der Schluss zieht Konsequenzen aus dem Geschehenen. Hier findet sich die Anwendung.[58]

Jesus hat bei seinen Parabeln auf mehrere Punkte geachtet. Zum einen hat er Protagonistinnen und Protagonisten verwendet, mit denen sich das damalige Publikum identifizieren konnte. Mit Arbeitern auf dem Weinberg. Mit einer Frau, die ihre Silbermünze verloren hat. Mit Kornbauern und mit klugen und gedankenlosen Brautjungfern.

Zum anderen wurden die Geschichten mit der richtigen Menge an Details geschmückt. Werden zu wenig Details verwendet, lebt die Erzählung nicht. Beschreibt man zu viele Details, verliert sie an Wirkung.

Warum überzeugen Geschichten?

Warum sind Geschichten so überzeugend? Einen Grund, der mir hängen geblieben ist, habe ich in einem Gespräch mit einem Freund aufgeschnappt. Dieser Satz ist mir nicht mehr aus dem Kopf gegangen:

Geschichten sind der Schlüssel zu den Herzen der Menschen.[59]

Wenn du in einer angespannten Situation eine Geschichte erzählst, wird sich die Atmosphäre in den meisten Fällen auflockern. Wenn du selbst distanziert wirkst und zugänglicher werden willst, erzähle eine Geschichte von dir. Durch Geschichten wirken wir nahbarer. Sie lockern uns auf. Sie steigern die Spannung.

Welche bekannte Predigerin oder welcher Prediger fällt dir ein, die oder der Menschen fasziniert? Meistens sind es Leute, die gute Geschichten erzählen. Die Kommunikationsexpertin Annette Simmons bringt es auf den Punkt: „Wer die besten Geschichten erzählt, gewinnt!“[60]

Ein zweiter Grund für die Überzeugungskraft von Geschichten ist: Sie lassen sich gut merken.

Wenn dich jemand nach einem Kinobesuch nach dem groben Handlungsverlauf des Filmes fragt, wirst du auf Anhieb einen Großteil der Handlung wiedergeben können. Filme sind nichts anderes als Geschichten im Videoformat. Wenn du wichtige Wahrheiten vermitteln willst, solltest du sie in Geschichten erzählen. Nicht umsonst ist der größte Anteil der Bibel in Erzählungen aufgeschrieben worden. Sie können in einer mündlichen Kultur am besten memoriert und weitergegeben werden.

Das Rätselhafte in Jesu Reden

Jesus redete nicht nur einprägsam und prägnant. Er überraschte die Menschen auch und ließ viele Fragen offen. Seine Äußerungen und Handlungen konnten die Zuhörerinnen und Zuhörer verwirren, sodass sie Jesus nicht immer einordnen konnten. Er blieb für sie undurchschaubar. Oder mit anderen Worten: Seine Reden waren voller Geheimnisse.

Es ist oft genau die Mischung aus Klarheit und Rätselhaftigkeit, die einen Menschen so interessant macht. Eine Kombination aus beiden Faktoren regt uns an, uns mehr mit einer Person zu beschäftigen.

Das „mysteriöse Etwas"

Sicherlich kennst du auch Menschen, die dieses „mysteriöse Etwas" haben. Auf der einen Seite können wir sie nachvollziehen und genießen ihre offene Art. Auf der anderen Seite bleiben sie geheimnisvoll und geben nicht zu viel von sich selbst preis. Mit dieser geheimnisvollen Seite wollen wir uns näher beschäftigen.

Hohe Lernbeteiligung bei Ratlosigkeit

Der Psychologe Raymond J. Wlodkowski macht eine interessante Beobachtung in der Erwachsenenbildung: „Die Lernbeteiligung ist am besten, wenn die Ratlosigkeit der Lernenden kurz vor der Frustration steht. Wenn Menschen ein positives Gefühl der Unzufriedenheit empfinden, werden sie härter nachdenken und tiefer reflektieren.[61]

Jesus erzeugte in seinen Reden immer wieder eine Ratlosigkeit. Nach seinen Gesprächen und Reden versuchte sein Jüngerkreis, diese geheimnisvollen Worte zu entschlüsseln.

So wie nach dem Gespräch mit den Pharisäern und Schriftgelehrten, in dem Jesus erklärt, dass man nicht unrein wird durch das, was durch den Mund eingenommen wird. Unrein wird man durch das, was aus dem Mund herauskommt. Petrus ist total verwirrt. Er geht zu Jesus und sagt: „Erkläre uns doch, was du mit deinem Bild vorhin meintest!"[62]

An anderer Stelle spricht Jesus über den Geist Gottes und darüber, dass er zum Vater gehen wird. Weiter behauptet er, dass seine Jünger ihn nach einer Weile nicht mehr sehen und dann wiederum doch sehen werden. Darauf die Reaktion der Jünger: „Was heißt es, wenn er zu uns sagt: ‚Es dauert nur noch kurze Zeit, dann werdet ihr mich nicht mehr sehen. Doch noch einmal kurze Zeit später werdet ihr mich wiedersehen'? Und: ‚Ich gehe zum Vater'?"[63] Die Jünger hatten keinen Plan, wovon Jesus da redete.

Wie erzeugte Jesus die Lernbereitschaft?

Jesus blieb nicht zu durchschauen. Wie aber erzeugte er diese Wirkung in ihnen, dass sie unbedingt verstehen wollten, was er sagte? Folgende Punkte kommen immer wieder bei Jesus durch (wenn auch nur implizit):

- Weniger ist mehr. Jesus blieb geheimnisvoll, weil er seine Reden nicht mit Informationen überfrachtete. Im Gegenteil. Er beschränkte seine Reden inhaltlich oft, wodurch die Menschen nachher noch mehr wissen wollten. Vielleicht hast du in diesem Punkt schon ähnliche Erfahrungen gemacht wie ich. Wenn ich das Gefühl habe, dass jemand alle Informationen, die sie oder er gefunden hat, in eine Predigt packen möchte, verliert die Predigt ihren Reiz.
- Vermeintliche kognitive Unstimmigkeiten. Indem Jesus sagte, dass ihn die Jünger bald nicht mehr sehen und dann doch wieder sehen würden, erzeugte er eine Unstimmigkeit in ihrem Denken. Das veranlasste sie dazu, Fragen zu stellen. Wenn wir predigen, können wir die Spannung steigern, indem wir mit Unstimmigkeiten beginnen. Zwei verschiedene Positionen, die aufeinandertreffen. Eine kontroverse Aussage, die nicht den Vorstellungen der eigenen Kirchenmitglieder entspricht. Bezweckt man damit nicht eine verbitterte Provokation, sondern eine Herausforderung des eigenen Denkens, können diese Unstimmigkeiten Wunder bewirken. Die Predigt wird viel relevanter und spannender.

Fragen

Es gibt aber noch eine weitere Methode, mit der Jesus andere zum Nachdenken brachte: durch Fragen. Wie viele Fragen Jesus nach den Evangelien gestellt hat, ist nicht ganz klar. John Dear zählt 307 Fragen, die Jesus aufgeworfen hat.[64] Roy B. Zuck sieht 225 unterschiedliche Fragen. Wenn er alle Fragen zusammenrechnet, die auch in den anderen Evangelien wiederholt werden, kommt er auf 304. Andere kommen auf 110, 154 oder 310 Fragen.[65] Welcher Zählung man auch Glauben schenken möchte, deutlich wird: Jesus stellte viele Fragen.

Während Jesus auf dem Berg lehrte, fragte er: „Denn wenn ihr nur die liebt, die euch auch lieben: Welchen Lohn erwartet ihr da von Gott?“[66]

Nachdem Jesus über das Essen seines Fleisches und das Trinken seines Blutes sprach, was zu einer großen Empörung im Volk führte, fragte er seine Jünger: „Daran nehmt ihr Anstoß?"[67]

Oder als Jesus sich mit seinen Jüngern zum Gebet zurückzog und sie fragte: „Für wen halten mich eigentlich die Leute? [...] Und [...] für wen haltet ihr mich?"[68]

Funktionen von Fragen

Fragen bei Jesus, aber auch im Allgemeinen, können verschiedene Funktionen erfüllen.

Fragen inspirieren Menschen dazu, etwas Neues zu entdecken.

Fragen regen zum Nachdenken an. Deshalb stellen gute Lehrkräfte ihren Schülerinnen und Schülern Fragen, anstatt sie zu belehren. Durch eine einzige gute Frage kann eine stundenlange Diskussion entfacht werden.

Fragen erzeugen Intimität. Wenn jemand uns Fragen stellt, dringt sie oder er bis in die Tiefen unseres Innenlebens ein.

Oh, und Fragen entwaffnen. Indem sie uns mit unserer inneren Realität konfrontieren, zeigen sie uns auf, wo unsere Schwachstellen in unserer Einstellung, unserem Weltbild und unseren Handlungen sind.[69]

Jesu Antwort auf Fragen

Nicht umsonst stellte Jesus so viele Fragen. Ihm selbst wurden wesentlich weniger Fragen gestellt. Aber das Interessante kommt noch: *Jesus beantwortet fast keine Frage auf eine direkte Art und Weise.*

Das ist besonders überraschend für Menschen, die mit der Annahme aufwachsen, dass die eigentliche Aufgabe der Religion darin besteht, den Menschen klare und verständliche Antworten zu geben, die alle Spannungen lösen. Offenbar agiert Jesus ganz anders.

Bei Fragen schweigt Jesus manchmal, wie bei Pilatus.[70]

Bei anderen Fragen stellt er eine Gegenfrage, wie bei dem Hohen Priester, den Gesetzeslehrern und den Ältesten des Volkes.[71]

Bei manchen Fragen gibt er eine Antwort in Form von Geschichten, wie beim barmherzigen Samariter.[72]

Der Pastor Martin B. Copenhaver bringt es auf den Punkt: „Wir hören die Behauptung in Gospelliedern und lesen sie auf Autoaufklebern: ‚Jesus ist die Antwort.' Aber kann Jesus auch die Frage sein?"[73] Aufgrund der vielen Fragen, die er aufwirft, wird Jesus selbst zur personifizierten Frage.

Fragen spielen eine wichtige Rolle in Jesu Gesprächen und Verkündigung. Mein Plädoyer: Wir brauchen mehr Fragen in unseren Predigten. Sie sollen uns verändern und erschüttern. Der katholische Autor Richard Rohr schreibt:

> „Im Allgemeinen können wir feststellen, dass der Stil Jesu fast genau das Gegenteil des modernen Televangelismus oder sogar des kirchlichen Ansatzes [...] mit inspirierenden Ratschlägen und praktikablen Lösungen für das tägliche Leben ist. Jesus ist zu sehr der jüdische Prophet, als dass er den Status quo mit Plattitüden stabilisieren könnte. Vielmehr destabilisiert er die falschen Annahmen, auf denen die ganze Frage oder die eigene Weltanschauung aufbaut."[74]

Das Anliegen der Predigt ist nicht, Wissen und Lifehacks zu kommunizieren, sondern die Zuhörerinnen und Zuhörer in ihrem gegenwärtigen Zustand herauszufordern und weiterzubringen. Nicht Information ist das Entscheidende, sondern Transformation. Und dafür sind Fragen als Mittel besonders gut geeignet. Fragen führen uns in die geheimnisvolle Welt unseres eigenen Innenlebens und offenbaren Dinge, die wir ohne sie niemals erfahren würden.

TAKE-AWAYS FÜR DIE PREDIGT

- Achte darauf, dass deine Predigt nicht zur Lehre und deine Lehre nicht zur Predigt wird. Je nach Zielgruppe und deren Vorwissen ist es besser, in kürzerer Form über grundlegende Themen oder in ausführlicherer Form über komplexere Inhalte zu reden.
- Geschichten sind der Schlüssel zu den Herzen der Menschen. Wenn du bei theoretischen Erklärungen stehen bleibst, wird die Konzentration deiner Zuhörerinnen und Zuhörer verschwinden. Wenn du aber beginnst, Geschichten zu erzählen, hören sie aufmerksam zu.
- Um eine Predigt geheimnisvoll und spannend zu halten, ist weniger mehr. Zu Beginn der Predigt kannst du kognitive Unstimmigkeiten aufwerfen, die du im Laufe der Predigt löst oder besprichst.
- Ein zentrales Werkzeug für die Predigt sind Fragen. Fragen inspirieren uns, wecken Neugier, bringen Intimität hervor und entwaffnen unser Weltbild. Sie hinterfragen den Status quo.

TIEFER GRABEN

1. Predigt und Lehre

Wie würdest du unterscheiden zwischen Predigt und Lehre? Welche Zielgruppe, Methoden, Rahmenbedingungen und Redelänge würdest du der Predigt und welche der Lehre zuordnen?

	Predigt	**Lehre**
Zielgruppen		
Didaktische Methoden		
Rahmenbedingungen		
Weiteres		

Wo siehst du dich eher? Möchtest du eher vor Leuten predigen oder lehren? Oder eine Mischung aus beidem?

Deine Einschätzung:

TIEFER GRABEN

2. Einprägsam und rätselhaft reden

Wir alle neigen zur Einseitigkeit in unseren Predigten. Welche Tendenzen siehst du bei dir? Bist du an manchen Stellen zu schnell bei klaren Schwarz-Weiß-Aussagen? Oder formulierst du zu schnell so, dass nachher bei allen nur Fragezeichen auf der Stirn stehen? Hast du deine Balance schon gefunden? Was kannst du für dich mitnehmen?

Deine Einschätzung:

EINE SACHE, DIE DIR BESONDERS WICHTIG GEWORDEN IST

NOTIZEN

4 | WIE WIR KIRCHENFERNE MENSCHEN ERREICHEN KÖNNEN

Wie Jesus im 1. Jahrhundert gepredigt wurde

Wir betrachten die frühe Kirche und ihre Art, Jesus zu verkündigen. Paulus und Johannes zeigen eindrücklich, was für reflektierte Beobachter ihrer eigenen Kultur sie waren.

Wie Jesus im 21. Jahrhundert gepredigt werden kann

Dann schauen wir ins 21. Jahrhundert. Wir betrachten den Begriff „Kontextualisierung“ und inwiefern das dahinterliegende Konzept ein zentraler Teil der Lösung ist. Wir besprechen konkrete Strategien, um eine kontextualisierte Predigt halten zu können. Einige Rahmenbedingungen, die ebenfalls von wichtiger Bedeutung sind, beenden dieses Kapitel.

WIE WIR KIRCHENFERNE MENSCHEN ERREICHEN KÖNNEN

Veränderungsprozesse

Wir befinden uns gegenwärtig in einer Situation, in der die Zahl der „Religionslosen" stetig wächst. Während früher praktisch alle Mitglieder der westlichen Gesellschaft mit dem Christentum aufgewachsen sind, ist seit Mitte des 20. Jahrhunderts ein Veränderungsprozess in Gang, der bis heute anhält. Große Teile unserer Gesellschaft entwickeln sich aus der Kirchenlandschaft heraus. Während die Kirche früher im Zentrum stand, steht sie heute am Rand. War die Kirche damals die Mehrheit, wird sie heute zur Minderheit. Die Kirchtürme, einmal die höchsten Bauwerke der Stadt, werden heute von Wolkenkratzern überschattet. Viele Kirchen haben ihre Irrelevanz bemerkt und Veränderungsprozesse in Gang gesetzt.

Gottesdienste mit moderner Aufmachung werden angeboten.

Lieder werden nicht nur mit der Orgel begleitet.

Moderne Präsentationstechniken werden eingesetzt.

Räumlichkeiten werden farblich ansprechend beleuchtet.

Theologische Positionen werden korrigiert und überarbeitet.

Predigt für Distanzierte

Wie aber sieht es bei der Predigt aus? Wie wird sie an die gegenwärtige Situation angepasst?

Der Pfarrer Fabian Vogt schreibt: „Während es für alle Gestaltungsformen moderner Gottesdienste [...] nicht nur Materialien, sondern auch säkulare Vorbilder gibt, muss die Predigt für Distanzierte im 21. Jahrhundert Neuland erforschen."[75]

Viele kirchenferne, aber auch kirchennahe Menschen tun sich schwer mit der Predigt. Zu ungewöhnlich sind die Formulierungen. Zu stark unterscheiden sich die Ausführungen von der eigenen Lebenswelt. Die Predigerinnen und Prediger müssen sich mit neuen Gegebenheiten in der Kirche auseinandersetzen.

Während über 1900 Jahre lang die Verkündigerinnen und Verkündiger davon ausgehen konnten, dass ihrer Predigt mindestens Gehör geschenkt wird, verspüren die meisten Menschen in Deutschland heute nur ein geringes Bedürfnis, auf ihre Fragen und Probleme eine christliche Antwort zu bekommen.

Die frühe Kirche stand zwar vor anderen Herausforderungen als wir heute. Trotzdem musste sie reflektierten, wie sie Distanzierte erreichen kann. Als die Jesus-Bewegung startete, war sie ebenfalls darum bemüht, sich Gehör zu verschaffen. Ein Blick in das erste Jahrhundert lohnt sich.

Wie Jesus im 1. Jahrhundert gepredigt und gelehrt wurde

Die frühchristlichen Gemeinden waren keine wichtigen gesellschaftlichen Akteure. Sie spielten im römischen Reich nicht in der obersten Liga mit. Stattdessen waren sie eine kleine Randgruppe. Miroslav Volf schreibt:

> „Als Minderheiten, die verleumdet, diskriminiert und sogar verfolgt wurden, waren sie bestenfalls ein Stachel im Fleisch der Gesellschaft. Und doch feierten die frühchristlichen Gemeinden, ungeachtet ihrer Randständigkeit, die Hoffnung auf Gott und verkündeten fröhlich den auferstandenen Herrn, während sie sich anschickten, in die Fußstapfen des gekreuzigten Messias zu treten.“[76]

Für sie war ihre Stellung in der Gesellschaft kein Grund, bedauert zu werden. Leid und Verfolgung sahen sie als Möglichkeiten, an der Lebensweise Jesu Anteil zu nehmen. Sie blickten mit Zuversicht in eine hoffnungsvollere Zukunft.

Wie aber verkündeten sie fröhlich den Auferstandenen?

Vor allem mit einem sehr geschulten Blick für ihre damalige Umgebung. Sie hatten weder eine durchweg negative noch eine völlig positive Sicht auf ihre damalige Kultur. Sie achteten mit viel Sorgfalt und Kreativität darauf, wie sie über Jesus und seine Inhalte sprachen.

Im Anfang war der Logos

Logos

Schauen wir uns einmal den Evangelisten Johannes an. Er beginnt sein Evangelium mit dem griechischen Begriff *logos*. „Im Anfang war das Wort, der Logos, und der Logos war bei Gott, und von Gottes Wesen war der Logos."[77] Ein ganz sanfter Einstieg in ein Buch, oder?

Zu Beginn der Schöpfung war der Logos?

Der Logos war bei Gott?

Aber irgendwie war der Logos dann doch auch göttlich?

Und was ist überhaupt „der Logos"?

Keine leichte Einführung. Im Gegenteil. Eine hoch komplexe Angelegenheit. Tauchen wir aber ein in die Bedeutungsbreite des Begriffes „Logos", merken wir, welch einen spannenden Schachzug Johannes hier macht.

Bedeutungsspektrum

Zur damaligen Zeit hatte dieses Wort ein weites Bedeutungsspektrum. Wort. Rede. Sprache. Erzählung. Aussage. Ausspruch. Frage. Gerücht. Rechenschaft. Predigt. Lehre. Ruf. Sinn. Mit diesen und noch weiteren Wörtern wird Logos übersetzt.[78] Mit welchem Inhalt füllten die Menschen in der Antike diesen Begriff?

Die Sophisten, die sich viel mit der Kunst der Rede beschäftigten, verbanden den Begriff Logos mit einer machtvollen Rede, die den Menschen Furcht austreibt oder Fröhlichkeit verleiht.

Für Platon war der Logos die vernünftig denkende Aktivität, die der Handwerkergott besaß, als er die materielle Welt ordnete und nach einem vorliegenden Plan entstehen ließ.

Aristoteles verstand den Logos als einen transzendenten göttlichen Intellekt.

In der griechischen Übersetzung des Alten Testaments wird der Begriff Logos auf vielerlei Weise verwendet. Der Logos Gottes wird als besonders wirkmächtig beschrieben. Dort, wo Gottes Logos weitergegeben wird, kommen Dinge in Bewegung.

In der Tora werden die Weisungen Gottes oder, noch konkreter, die Zehn Gebote als Logos bezeichnet.

In der jüdischen Weisheitsliteratur ist immer wieder vom Logos Gottes die Rede, wenn es um Weisheit und Schöpfung geht.[79]

Diese und viele weitere Bedeutungen kann das Wort haben.[80] Aber gehen wir noch einmal zurück zum Einstieg des Johannesevangeliums. Auf welche philosophischen, biblischen oder frühjüdischen Traditionen Johannes zu Beginn seines Werkes auch anspielt, klar ist: Johannes macht hier einen mutigen Schachzug. Er nimmt einen Begriff, der in der griechisch-römischen und jüdischen Gesellschaft mit vielerlei Vorstellungen behaftet ist, und füllt ihn mit einer neuen Bedeutung.

Ein paar Verse weiter bringt er nämlich Jesus in Spiel.

„Und das Wort, der Logos, wurde Fleisch und wohnte unter uns."[81]

Der Logos wurde Fleisch? Wie kann man sich das vorstellen? Vielleicht hilft eine andere Übersetzung uns weiter, die den Logos mit Weisheit und damit in erster Linie als Anspielung auf die Weisheitsliteratur übersetzt:

„Und die Weisheit wurde Materie und wohnte unter uns."[82]

Die Weisheit wird zu einer Substanz, die man anfassen kann. Oder freier formuliert:

Die Weisheit wird ein Mensch. Der Logos wird eine Person.

Johannes verknüpft den Logos, der für heidnische, griechische und auch jüdische Ideen steht, mit Jesus. Er möchte verdeutlichen, dass diese schöpferische Weisheit und Macht nicht nur ein unpersönliches Konzept ist, sondern in einer Person auf dieser Erde wohnt.

Wäre es nicht besser gewesen, wenn er diese komplexen Vorstellungen des Logos einfach vernachlässigt oder weggelassen hätte? Er hätte ja einfach schreiben können, dass Jesus zu Beginn der Schöpfung beteiligt war und von göttlicher Natur ist, oder?

Natürlich hätte Johannes das tun können. Aber dann wäre der Inhalt für seine Leserschaft wesentlich weniger relevant gewesen. Indem er den Logos erwähnt, spricht er die Lebenswelt und Vorstellungen seiner Zielgruppe an und verschafft sich so Gehör in der Gesellschaft.

Johannes' Herangehensweise

Ganz allgemein gesagt versucht Johannes, zuerst eine gemeinsame Grundlage mit seiner Zielgruppe zu schaffen, um diese anschließend kritisch zu reflektieren. Für ihn war die Entstehung der Welt kein Zufall. Das Universum wurde mit Intellekt und Weisheit – dem Logos – gegründet. In Johannes' Umgebung waren die Leute in diesem Punkt vermutlich alle einer Meinung. Aber dann kommt die Kritik. Diese Weisheit und dieser Intellekt sind nicht – wie damals die meisten dachten – eine Sache, sondern eine Person. Dieser Logos ist Jesus.

Der presbyterianische Pastor Timothy Keller bringt es gut auf den Punkt:

> „Johannes sagte den heidnischen Philosophen nicht einfach, dass sie total falsch lagen und gefälligst an die Bibel glauben mussten. Vielmehr bescheinigte er ihnen in einem ersten Schritt, dass ein Teil ihrer Vorstellungen über das Universum – dass dieses nicht dem Zufall unterlag oder sich selber steuerte, sondern dass es von einem übernatürlichen Prinzip, das es zu entdecken galt, bewusst gesteuert wurde – völlig richtig war. Und danach zeigte er ihnen zweitens, dass die hinter dieser Vorstellung liegende Realität allein in Christus real verkörpert ist.“[83]

Johannes war vertraut mit seiner damaligen Kultur und konnte auf kreative Weise die damaligen Meinungen mit Jesus und seinem Evangelium ins Gespräch bringen.

Der unbekannte Gott

Lass mich noch ein zweites Beispiel anführen, um zu zeigen, dass Johannes mit dieser Herangehensweise nicht allein war. Der Apostel Paulus hatte ebenfalls ein Gespür für die Kultur der damaligen Menschen. In seinen überlieferten Reden in der Apostelgeschichte fällt auf, wie er je nach Kulturkreis unterschiedlich zu seinen Zuhörerinnen und Zuhörern sprach. Je nach Publikum zitierte er häufig aus den hebräischen Schriften oder argumentierte mit der Natur.

Als Paulus nach Athen kam (nachzulesen in Apostelgeschichte 17), sah er eine Stadt voller Statuen von Gottheiten. Als er sich auf dem Marktplatz mit philosophischen Gelehrten aus der epikureischen und stoischen Richtung auseinandersetzte, luden sie ihn ein, mehr auf dem Areopag darüber zu reden. (Mitten in Athen gab es einen hohen Felsen, der Areopaghügel genannt wurde. Kurz vor der Felsspitze gab es einen Platz, der als Areopag bezeichnet wurde. Dieser Platz diente in der Antike als Gerichtsversammlung. Dort tagte regelmäßig der oberste Rat.)

Paulus' Herangehensweise

Mitten auf dem Areopag hielt Paulus seine Predigt. Dabei versuchte er das Publikum nicht zu konfrontieren, sondern mit Argumenten zu überzeugen.[84] Welche Strategien setzte er ein, um ihnen Jesus zu predigen?

1. Er sprach die tiefsten *Bedürfnisse* der Menschen in Athen an und holte sie in ihrer Lebenswelt ab. Zu Beginn schätzte er wert, wie eifrig sie darum bemüht waren, ein frommes Leben zu führen und sich den Gottheiten zuzuwenden. Er griff einen Altar auf, auf dem die Inschrift „Dem unbekannten Gott" stand. Weil sie noch nichts von diesem unbekannten Gott gehört hatten, wollte er ihnen Grundlegendes über ihn berichten.
2. Er benutzte *Begriffe und Themen*, die den Leuten von Athen vertraut waren. Er stellte ihnen Gott nicht als den Gott Abrahams, Isaaks und Jakobs vor, wie uns Gott im Alten Testament beschrieben wird. Stattdessen beschrieb er Gott als jemanden, der die Welt geschaffen hat, der nicht in Tempeln wohnt und der die Luft zum Atmen gibt. Das sind alles göttliche Wesenszüge, mit denen Menschen mit griechisch-römischen Vorstellungen etwas anfangen konnten.
3. Er berief sich auf *Autoritäten*, die die damaligen Philosophen respektierten. Vor den Intellektuellen in Athen zitiert er höchstwahrscheinlich den Dichter Epimenides („Denn durch ihn leben wir, bestehen wir und sind wir") und Aratus und Kleanthes („Er ist es, von dem wir abstammen").
4. Er *widersprach* ihnen und forderte sie heraus. Die Elemente des Widerspruchs bezogen sich teilweise auf seine Anknüpfungspunkte. Er bejahte das Zitat von Aratus und Kleanthes und be-

kräftigte dann aber im nächsten Satz, dass das nicht bedeute, dass das Göttliche mit den Götterstatuen gleichzusetzen sei. Der Höhepunkt der Herausforderung war das Ende seiner Predigt. Als er über den Mann sprach, den Gott von den Toten auferweckte, reagieren einige mit Spott und andere mit Interesse.[85]

Können uns Johannes und Paulus eine hilfreiche Perspektive geben, wie wir unsere eigenen und die weltweiten Kulturkreise sehen sollten? Ich bin der Meinung: Ja! Johannes und Paulus waren reflektierte Beobachter, die über die Welt um sie herum nachdachten. Vielleicht sollten wir ihre Erkenntnisse berücksichtigen, wenn wir uns mit der Predigt im 21. Jahrhundert auseinandersetzen.

Wie Jesus im 21. Jahrhundert gepredigt und gelehrt werden kann

Die Zahlen der Kirchenaustritte steigen. Die Kirche verliert ihren Einfluss. Doch wie können wir die sinkende Bedeutung der Kirche und diese völlig neue Situation bewerten?

Bewertung des Niedergangs eines konstantinischen Christentums

Der täuferische Theologe Stuart Murray sieht den Niedergang dieser Art von Christentum sogar als eine begrüßenswerte Entwicklung. Er ist der Meinung, dass sich seit der konstantinischen Wende ein Christentum entwickelt hat, das ein zu enges Bündnis mit dem Staat eingegangen ist. (Die konstantinische Wende beschreibt den Wandel des Christentums von einer verfolgten Religion hin zu einer Staatsreligion. Konstantin der Große spielte dabei eine maßgebliche Rolle.) Seit dem 4. Jahrhundert haben sich Religion und Politik sehr eng vermischt.

Neben all den vielen positiven Aspekten dieser Entwicklung, die er ausführlich beschreibt, skizziert er auch die brutale Kultur eines christlich-konstantinischen Systems. Inquisition. Folter. Hexenverfolgungen. Erzwungene Taufen. Kreuzzüge. Verfolgung von Andersdenkenden. Druckausübung, den Glauben anzunehmen. Das Christentum wurde immer wieder für nichtchristliche Zwecke missbraucht.

Laut Murrays Überzeugung kann im 21. Jahrhundert ein authentischer Glaube aufblühen, weil keine sozialen Sanktionen mehr zu erwarten sind, wenn sich jemand dafür entscheidet, nicht zu glauben.

Es gibt nur in seltenen Fällen Zwang, Anreiz oder gesellschaftlichen Druck, sich der Jesus-Bewegung anzuschließen. Übrig bleibt eine Minderheit, die dafür umso überzeugter ist.[86]

Oder um es mit den Worten der einflussreichen Theologen Stanley Hauerwas und William H. Willimon zu sagen: „Der Abschied vom konstantinischen Christentum eröffnet uns eine Gelegenheit, die wir freudig ergreifen sollten [...]".[87]

Auch wenn man die Kirchengeschichte seit dem 4. Jahrhundert vielleicht anders bewertet, ist es trotzdem wichtig, die schlechte Stimmung abzulegen und neue Hoffnung für ein authentisches Christentum im 21. Jahrhundert zu entwickeln. Es geht um ein glaubwürdiges Christentum, das zukünftig weniger vom Zentrum der Macht aus agiert als vielmehr von den Rändern der Gesellschaft.

Weg vom Zentrum. Hin zu den Rändern.

Weg vom Privileg. Hin zur Pluralität.

Weg von Bewahrung. Hin zur Mission.

Doch wie können wir uns weise gegenüber unser Kultur verhalten, die nicht mehr von einem christlich-konstantinischen System dominiert wird? Wie können wir in und zu einer Kultur predigen, die auch die steigende Zahl von kirchenfernen Menschen erreicht?

Kontextualisierung

Ein zentraler Teil der Lösung ist meines Erachtens *eine kontextualisierte Predigt*. Wenn der Begriff „Kontextualisierung" auftaucht, kommt es immer wieder zu kritischen Rückfragen und Einwänden.

Einwände

Kontextualisierung gibt den Menschen nur das, was sie hören wollen!

Kontextualisierung führt dazu, dass wir unsere christlichen Werte der Gesellschaft anpassen!

Das ist allerdings nicht das Anliegen von Kontextualisierung. G. K. Chesterton soll gesagt haben: „Wer den Zeitgeist heiratet, wird bald verwitwet sein."[88] Die Relevanz wird schnell schwinden, wenn man nicht immer wieder auf den nächsten Trend aufspringt. Oder um beim Bild der Hochzeit zu bleiben: Wer sich nicht fortlaufend scheiden lässt, um die nächste Ehe einzugehen, wird irrelevant. Kontextualisierung bedeutet also nicht, die christliche Botschaft anzupassen, sondern die gegenwärtigen Lebensfragen theologisch zu reflektieren.

Definition

Keller definiert den Begriff so: „Echte Kontextualisierung heißt, dass wir die Vermittlung des Evangeliums und die Gemeindearbeit in eine bestimmte Kultur übersetzen und an sie anpassen, ohne dabei das Wesen und die Eigenheiten des Evangeliums an sich zu verändern."[89]

Kulturelle Intelligenz

Wir brauchen ein kulturelles Gespür. Erst dann können wir auf angemessene Weise das Evangelium predigen. „Viele Fromme können ihre Bibel lesen, aber nicht ihre Kultur!" So drückte es ein guter Freund von mir aus.[90] Und ich glaube, da ist viel Wahres dran.

Viele sehen es als wichtig an, ein hohes intellektuelles Leistungsvermögen zu besitzen (IQ). Mittlerweile rückt auch die emotionale Intelligenz immer mehr in den Vordergrund (EQ). Der asiatisch-amerikanische Homiletiker Matthew D. Kim betont, dass Predigerinnen und Prediger auch eine *Cultural Intelligence* (CQ) – eine kulturelle Intelligenz – entwickeln sollten.[91]

Gerade im Westen sind wir uns dessen in der theologischen Landschaft nicht immer bewusst. Wenn beispielsweise ein theologischer Entwurf aus Asien veröffentlicht wird, wird er international der „Asian Theology" zugeordnet. Wenn eine Theologie aus Afrika veröffentlicht wird, wird sie „African Theology" genannt. Aber ein theologischer Entwurf aus Nordamerika oder Europa wird meistens einfach „Theology" oder „Theologie" genannt. Keine Spur von einem Zusatz wie „westlich", „amerikanisch" oder „europäisch". Es gibt aber keine „neutralen" theologischen Entwürfe. Genauso wenig, wie es „neutrale" Predigten gibt, die über jede Kultur erhaben sind.[92]

Eine ausgeprägte kulturelle Intelligenz ist beispielsweise bei dem berühmten Prediger und Bürgerrechtsaktivisten Martin Luther King zu erkennen. James Cone, der als „Vater der Black Theology" bekannt wurde, analysierte Kings Predigten. Er kam zu dem Schluss, dass King sich fast immer auf die Quellen berief, die in der jeweiligen Gemeinschaft als überzeugende Autoritäten galten. Sprach er vor einem weißen Publikum, verwies er auf bekannte Persönlichkeiten wie Reinhold Niebuhr, Walter Rauschenbusch oder Mahatma Gandhi. Sprach er vor einem schwarzen Publikum, bezog er sich hauptsächlich auf die Bibel als seine Hauptquelle.[93]

Das gilt aber nicht nur für die inhaltliche Ebene. Walter G. Muelder beobachtet, dass King vor überwiegend Schwarzen rhythmisch und emotional predigte. In anderen Kontexten blieb er wesentlich ruhiger und zurückhaltender. Er war ein Meister der Kontextualisierung.

Weiter vergleicht Muelder King mit Billy Graham und schlussfolgert: „King ist eine tiefgründigere Führungspersönlichkeit als Billy Graham. Graham ist überall derselbe. King passt sich an.“[94] Das machte Kings Verkündigung aus. Er hatte ein kulturelles Gespür und wusste sich anzupassen.

Vielleicht hilft es, das Thema Kontextualisierung einmal von einer anderen Seite zu beleuchten. Was passiert, wenn jemand ihre oder seine Predigt nicht kontextualisiert? Wenn wir kein Bewusstsein für unser eigene Kultur haben, kann dies mehrere Auswirkungen haben.

Auswirkung 1

Kultur und Glaube werden gleichgesetzt.

Ich selbst hatte lange nur sehr wenig Kontakt zu anderen Gemeinden, die keine russlanddeutsch-mennonitische Prägung hatten. Erst als ich mir mit ungefähr 19 Jahren vornahm, andere Kirchen zu besuchen, bemerkte ich meine eigene kulturelle Prägung. Bis zu diesem Zeitpunkt setzte ich oft meine Gemeindekultur mit meinem christlichen Glauben gleich. Nicht, dass mir die Gemeinde das explizit vermittelt hätte, sondern ich selbst kannte eben nur diese Ausdrucksformen des Glaubens. Als ich begann, in andere Gottesdienste zu gehen, empfand ich eine Mischung aus Faszination und Skepsis.

Das Abendmahl wurde anders eingenommen. Jemand sagte dabei zu mir: „Christi Blut, für dich vergossen“. Ich wusste nichts anderes darauf zu antworten als ein zögerlich-unsicheres „Danke ...“

Der Lobpreis wurde von einer vollständigen Band oder einer Orgel begleitet. Teilweise standen Frontsängerinnen vorne, bei anderen

Gottesdiensten begannen die Leute ohne Anweisung der Orgelspielerin oder des Orgelspielers zu singen.

Ein Priester schwenkte Weihrauchfässer in Richtung der Gäste. Das war mir besonders fremd. Rauch war in meiner Wahrnehmung – wenn er nicht aus dem Schornstein kommt – immer etwas Schlechtes.

Einen besonders starken Kontrast bemerkte ich, als ich während eines längeren Aufenthaltes in den USA die Jugendveranstaltung einer charismatisch-koreanischen Kirche besuchte. Wie stark die dortigen Jugendlichen sich als Kollektiv verstanden, war für mich im ersten Augenblick befremdlich. Als der Moderator den Gottesdienst begann, forderte er uns alle auf, laut zu Gott zu schreien. Als er seine Stimme erhob, stiegen alle Jugendlichen mit voller Lautstärke in das Gebet ein. Sobald der Moderator aufhörte zu beten, wurden innerhalb von wenigen Sekunden auch alle anderen ruhig.

Aus diesem Besuch und vielen weiteren lernte ich, wie unterschiedlich Gottesdienste gestaltet werden können und wie unterschiedlich man Frömmigkeit leben kann. Die Kultur hat eine große Auswirkung auf den Glauben.

Doch es hat noch eine weitere Auswirkung, wenn kein Bewusstsein für die eigene Kultur entwickelt wird.

Methoden und Programme werden wiedergekäut.

Auswirkung 2

Viele Verantwortliche in den Gemeinden übernehmen bestimmte Methoden, die sie selbst in einer anderen inländischen oder ausländischen Kirche als gut und hilfreich erfahren haben. Sie reproduzieren die Methoden und Programme, ohne sich die Mühe zu machen, sie auf den eigenen Gemeindekontext anzupassen. So werden bestimmte Predigtstile, Formen des Gesangs, eine bestimmte Liturgie oder Länge des Gottesdienstes einfach übernommen. Die Verantwortlichen schauen dabei weniger auf ihre Zielgruppe und mehr auf sich selbst. Auch wenn Methoden und Programme manchmal nur leicht abgeändert werden müssten, sollten wir uns die aufwendige Arbeit der Kontextualisierung nicht ersparen.[95]

Doch wie gelingt es, eine Predigt zu kontextualisieren?

Strategien

Es gibt verschiedene Hilfestellungen, die uns helfen können, kirchenferne und kirchennahe Menschen anzusprechen. Um nicht auszuschweifen, nenne ich zu jeder Strategie nur ein Beispiel.

1. Wir sollten einige Elemente unserer Kultur in der Predigt grundsätzlich bejahen.

Grundsätzliche Zustimmung

Während ich diese Zeilen schreibe, greift Russland die Ukraine an. Ukrainerinnen und Ukrainer werden getötet. Frauen werden von ihren Männern getrennt. Fluchtkorridore müssen eingerichtet werden. Was gegenwärtig passiert, ist schrecklich!

Alle Bemühungen um einen Frieden ohne Waffen sollten wir in der Predigt bejahen. Es geht in diesem Krieg um Ebenbilder Gottes, die getötet, misshandelt oder von ihren Familienangehörigen getrennt werden. Neben der Solidarität gegenüber der angegriffenen Ukraine sollten wir auch den Menschen in und aus Russland, die sich gegen den Krieg stellen, unsere Anerkennung aussprechen.

Indem wir manche Vorstellungen bejahen und sie uns selbst zu eigen machen, zeigen wir, dass wir Teil der Gesellschaft sind und uns nicht separieren wollen.

2. Wir sollten einige Elemente unserer Kultur in der Predigt grundsätzlich ablehnen.

Grundsätzliche Ablehnung

Das Thema Rassismus wird in unserer deutschen Gesellschaft mittlerweile immer stärker diskutiert. Wo Menschen rassistisch handeln, ist es nur schwer nachvollziehbar, wenn man neutral bleibt. Wenn Menschen ausgegrenzt, verachtet oder sogar verfolgt werden, wird die Würde des Menschen verletzt. Eine strukturelle, institutionelle oder individuelle Abwertung müssen wir ablehnen.

Auch wenn Kirche sich leider viel zu oft selbst des Rassismus schuldig macht, zeigen wir durch die Ablehnung bestimmter Praktiken, dass nicht jeder Lebensstil mit dem Evangelium vereinbar ist.

3. Wir sollten einige Elemente unserer Kultur übernehmen, die aber von innen heraus verändert werden müssen.

Übernahme und Veränderung

Gerade in der Geschichte der Sprache gibt es viele Beispiele, wie Begriffe mit neuem Inhalt gefüllt wurden. Der Begriff „Evangelium" bezieht sich für uns heute ausschließlich auf die christliche Botschaft. Ursprünglich wurde das Wort aber nicht von Jesus oder der alten Kirche etabliert. Ein Evangelium war in der griechisch-römischen Welt die Ankündigung der Geburt oder Himmelfahrt eines Kaisers. Die „frohe Botschaft" bezog sich auf den römischen Kaiserkult und die Kaiserverehrung.

Als nun die Jesus-Bewegung den Begriff Evangelium mit neuem Inhalt füllte, nämlich der Aussage, dass Jesus der wahre König ist, war dies eine polemische Verkündigung gegen den Kaiserkult.

Die Predigerinnen und Prediger der frühen Kirche waren mit den Sichtweisen und Vorstellungen ihrer Mitmenschen vertraut. Weder zogen sie sich aus der Gesellschaft zurück, noch passten sie sich ihr vollständig an.

Heute dürfen wir ebenso wenig Schwarz-Weiß-Malerei auf der Kanzel betreiben. Stattdessen müssen wir reflektierte Beobachterinnen und Beobachter werden. Welche Elemente unserer Kultur können wir übernehmen? Welche nicht? Wo können wir Strömungen und Bewegungen von innen heraus verändern, um sie uns zu eigen machen zu können?

4. Wir sollten Themen wählen, die den Hörerinnen und Hörern vertraut sind.

Vertraute Themen

Eine Predigt wird dann attraktiv, wenn wir die Themen aufgreifen, die zurzeit aktuell sind. In einer Kirchengemeinde gab es eine Predigtreihe mit dem Titel „Sundays for Future". In der Reihe gingen sie zwei Fragen nach: Wie wollen wir angesichts der aktuellen Herausforderungen des Klimawandels mit unserer Umwelt umgehen? Welche Welt wollen wir denen überlassen, die nach uns kommen?[96]

Es ist wichtig, ein Gespür für die aktuellen Themen zu bekommen. Drei Fragen können uns – neben den Gesprächen mit kirchenfernen und kirchennahen Menschen – dabei helfen, auf dem Laufenden zu bleiben.

Worüber berichten die Nachrichtenagenturen regelmäßig?

Was in den Nachrichten läuft, beschäftigt die Gesellschaft. Viele Nachrichtenagenturen bieten kurze Zusammenfassungen in ihren Apps und Webseiten an. Damit gewinnst du einen schnellen Überblick über die wichtigsten Themen, die aktuell in der westlichen (und teilweise auch östlichen) Welt diskutiert werden.

Welche Filme und Serien sind gerade in Mode?

Eine Jugendgruppe, bei der ich öfter als Gastredner eingeladen war, bezog sich in ihren Jugendstunden häufig auf verschiedenen Serien, die gerade auf Netflix beliebt waren. Z. B. wurde die Serie „Stranger Things" in die Jugendstunde integriert. Ich bekam vorher ein PowerPoint-Layout zugeschickt, dessen Design genau auf die Serie ausgerichtet war. Innerhalb der wöchentlichen Jugendstunden wurde „Stranger Things" immer wieder aufgegriffen. Als ich fragte, was der Grund dafür war, meinte der damalige Jugendleiter: „So denken die Jugendlichen immer wieder beim Seriengucken an die Jugendstunde und die biblischen Inhalte."

Welche Gedenk- und Aktionstage finden kurz vor, während oder nach dem Tag der Predigt statt?

Gedenk- und Aktionstage sind bewusst in unserer Gesellschaft verankert worden, damit wir uns regelmäßig an die Anlässe erinnern. Z. B. eignet sich eine Predigt über die radikale Aufwertung der Frau von Jesus besonders zum Internationalen Weltfrauentag. Indem wir diese Erinnerungen aufgreifen, wird unsere Predigt relevanter.

5. Wir sollten anerkannte Autoritäten aus unserem Kulturkreis zitieren.

Anerkannte Autoritäten

Je nach Kontext gibt es verschiedene Autoritäten, deren Aussagen aufgegriffen werden können. Während eines Aufenthaltes in Nordamerika habe ich für eine Organisation gearbeitet, die mit armutsbetroffenen jungen Menschen arbeitet. Viele von ihnen hören bei jeder freien Gelegenheit Hip-Hop. Eine Basketball-Pause ohne Snoop Dogg, Ice Cube oder Dr. Dre war undenkbar.

Für einen Gottesdienst, an dem viele dieser Kids und Jugendlichen teilnahmen, strukturierte der Pastor seine Predigt nach einem Lied des Rappers Lecrae. Obwohl der Predigt meistens nicht viel Gehör geschenkt wurde, klebten die Leute dem Pastor an diesem Tag an den Lippen.

Viele Predigerinnen und Prediger wissen nicht, welche Musik ihre Zielgruppe hört, welche Bücher sie lesen, welche Talkshows sie anschauen, welche Podcasts sie hören. Wir sollten beginnen, Kanye West, Ariana Grande, Markus Lanz, Wolodymyr Selenskyj, George Floyd, Greta Thunberg, Karl Lagerfeld, Friedrich Nietzsche, Eckhard Tolle und viele mehr aufzugreifen.

6. Wir sollten kirchenfernen Menschen die Erlaubnis geben, dem Gesagten nicht zu glauben oder dem zu widersprechen.

Erlaubnis zu widersprechen

Kirchenferne Menschen brauchen einen Ausweg, um dem Gesagten nicht Folge leisten zu müssen. Die Aufforderungen des Neuen Testaments waren nicht an die gesamte Gesellschaft gerichtet, sondern an Christinnen und Christen aus Philippi, Rom und vielen weiteren Städten.

Statt alle in einer Predigt über einen Kamm zu scheren, bietet der Kolosserbrief eine spannende Perspektive. Dort heißt es: „Führt im Unterschied zu denen draußen ein Leben voller Weisheit. Macht das Beste aus der Zeit! Eure Rede sei stets verbindlich, aber mit der nötigen Prise Salz. Dann wisst ihr auch, wie ihr jedem die angemessene Antwort geben könnt.“[97]

Zu viele Predigten sind nicht genügend mit Weisheit „gewürzt“. Der Prediger Andy Stanley kommuniziert ganz bewusst für kirchennahe und kirchenferne Menschen. Er macht in seinen Predigten immer wieder Aussagen wie: „Wenn du kein Christ bist, bist du heute aus dem Schneider“, oder: „Wenn du keine Nachfolgerin Jesu bist, kannst du dich gemütlich zurücklehnen. Du bist nicht verantwortlich für das, was wir gleich zusammen lesen.“

Seiner Erfahrung nach reagieren kirchenferne Menschen, denen ein Ausweg aus der Predigt geboten wird, mit noch mehr Engagement. Besonders, wenn man die Menschen einlädt, statt etwas von ihnen zu erwarten. Sobald wir in der Predigt zu etwas gedrängt werden, gehen wir in den Abwehrmodus.[98]

Rahmenbedingungen

Neben diesen inhaltlichen Aspekten hängt das Gelingen der Predigt auch von den Rahmenbedingungen ab. Je nachdem, in welchem Kontext die Predigt steht, maximiert oder minimiert sich die Chance, Menschen für die biblische Botschaft zu gewinnen. Ich möchte mich auf die zwei Rahmenbedingungen „Raum“ und „Gemeinde“ konzentrieren.[99]

Raum

Raum. Räume wecken Erwartungen. Wenn ich einen Raum mit Bühne und bunten Lichtern betrete, erwarte ich eine Show. Wenn ich in ein Gebäude voller Bücher gehe, erwarte ich konzentriertes Arbeiten und stilles Flüstern.

Räume verändern die Atmosphäre. Beim Betreten eines Kinos sollte im Optimalfall eine „Wohlfühl-und-Konsum-Atmosphäre“ geschaffen werden. Teppich. Roter und schwarzer Stoff. Leinwände. Verstellbare Sitze. All diese Elemente sollen dazu beitragen, dass wir uns auf den Film konzentrieren können.

Beim Betreten einer Zahnarztpraxis fühlen wir uns oft eingeschüchtert. Alles ist steril. Alle tragen weiß. An der Wand sind Bilder von gesunden und ungesunden Zähnen und es riecht nach „Zahnarztpraxis“. (Keine Ahnung, wie ich diesen Geruch beschreiben soll, aber ich nehme an, du kennst ihn.) Geruch und Aufmachung laden nicht dazu ein, lange zu bleiben, oder?

Im Kirchenkontext beginnt alles schon vor dem Betreten des Gebäudes. Verschiedene Faktoren bestimmen die Grundeinstellung der Besucherinnen und Besucher schon bevor sie in die Räume kommen.

Gibt es genügend Bilder im Internet, die die Räumlichkeiten zeigen? Zeigt die Gemeinde Transparenz? Wie sehen die Gemeindeglieder aus? Bilden sie eine homogene oder heterogene Gruppe?

Ist der Name der Kirche sichtbar? Wenn ein Gast das erste Mal eine Kirche besuchen will, kennt sie oder er das Gebäude nicht.

Wann beginnt der Gottesdienst? Steht das im Schaukasten und auf der Website? Was ist mit den sozialen Medien? Wenn nirgendwo die Uhrzeit steht, kommuniziert die Kirche indirekt: „Besucherinnen und Besucher sind hier unerwünscht.“

Gibt es genügend Parkplätze? Was sieht es mit Parkeinweiserinnen und Parkeinweisern aus? Hier wird schon deutlich, ob eine Gemeinde Chaos oder Ordnung repräsentiert.

Der oben schon erwähnte Pfarrer Fabian Vogt bemerkt, dass Kirchen früher für das Volk die hellsten, schönsten, buntesten und sogar wärmsten Orte der Stadt waren. Dies ist heute nicht mehr der Fall.

Kirchenbänke gehören heute nicht mehr zu einer modernen Einrichtung.

Die Kanzel stammt aus der Aufklärungszeit und wurde aus symbolischen und akustischen Gründen im Raum etabliert. Heute betont es eher Distanz und teilweise Arroganz, wenn jemand weit weg und oben über den Menschen „thront".

Wenn es unser Ziel ist, kirchenferne Menschen zu erreichen und kirchennahe neu mit der christlichen Nachricht zu begeistern, dann sollten wir Räume schaffen, in denen sich Menschen sicher und geborgen fühlen. Wir benötigen Räume, die gemeinschaftsfördernd sind und eine wohltuende Atmosphäre vermitteln.[100]

Gemeinde

Gemeinde. Die Gemeinde ist zentraler Bestandteil der Verkündigung. Sie lebt – gemeinsam mit der Predigerin oder dem Prediger – die Predigt aus.

Wenn du in einer Predigt über Gastfreundschaft sprichst und die Besucherinnen und Besucher merken, dass sie von griesgrämigen Gesichtern umgeben sind, kannst du so viel predigen, wie du willst. Es bringt nichts.

Eine Predigt über Freigiebigkeit verpufft, wenn bei der Kollekte nur wenig gespendet wird, aber auf dem Parkplatz ein teures Auto neben dem anderen steht.

Es wirkt fragwürdig, wenn wir über die Dienstbereitschaft Jesu reden, aber die Gemeinde kaum ehrenamtliche Mitarbeitende findet.

Schlussendlich wächst die Gemeinde nur selten deshalb, weil die Predigten am Sonntag gut sind. Sie wächst, weil außenstehende Menschen die Kraft des Evangeliums in der Gemeinde spüren. Es geht also um die Frage:

Erfahre ich die Predigt in dieser Gemeinschaft?

TAKE-AWAYS FÜR DIE PREDIGT

- Die Predigerinnen und Prediger der alten Kirche hatte ein Gespür für ihre Kultur. Weder passten sie sich vollständig an, noch lehnten sie alles ab. Johannes und Paulus waren reflektierte Beobachter ihrer Kultur.
- Kontextualisierung ist ein zentraler Schlüssel zu einer Predigt, die kirchenferne Menschen erreicht.
- Ohne Kontextualisierung werden Glaube und Kultur gleichgesetzt und Methoden wiedergekäut.
- Eine kontextuelle Predigt bejaht, verneint und verändert von innen heraus Elemente der Kultur.
- Eine kontextuelle Predigt wählt Themen, die einen Bezug zu der Lebenswelt der Zuhörerinnen und Zuhörer haben.
- Eine kontextuelle Predigt zitiert Autoritäten, die in dem jeweiligen Kulturkreis anerkannt sind.
- Eine kontextuelle Predigt gibt kirchenfernen Menschen einen Ausweg, dem Gesagten keinen Glauben zu schenken.
- Ob die Predigt gelingt, hängt zu einem großen Teil von den Rahmenbedingungen wie dem Kirchenraum und der Gemeinde ab.

TIEFER GRABEN

1. Das Wiederkäuen von Methoden und Programmen

Ohne Kontextualisierung kann es dazu kommen, dass Methoden und Programme reproduziert werden. Gibt es in deiner Gemeinde Programme, die weder zu den Gemeindegliedern noch zur Ortschaft passen?

Deine Einschätzung:

Ein Freund von mir hat ein Gemeindepraktikum in einer Großstadt gemacht. Eine seiner ersten Aufgaben lautete: Entwickle ein Gespür für die Stadt! Also besuchte er Museen, ging in der Innenstadt spazieren und trank alleine einen Kaffee, während er die Menschen beobachtete. Er fuhr zu wichtigen historischen Orten, die die Stadt in der Vergangenheit prägten, und gewann wissenswerte Informationen. Hast du schon ein kulturelles Gespür für deine Umgebung entwickelt? Sind die Programme in deiner Kirche auf diese Umgebung abgestimmt? Greifen die Predigten wichtige Merkmale deiner Stadt auf?

Deine Einschätzung:

TIEFER GRABEN

2. Themen und Autoritäten, die in deiner Zielgruppe präsent sind

Je nach Zielgruppe müssen wir den Inhalt unserer Predigten anpassen. Eine Gemeinde, die größtenteils von älteren Menschen besucht wird, unterscheidet sich von einer jungen Start-up-Kirche, die vermutlich eher junge Familien besuchen. Manchmal muss man den biblischen Inhalt stark vereinfachen, manchmal stärker ausdifferenzieren. Manchmal muss man Charles Taylor zitieren und ein anderes Mal Matthias Schweighöfer.

Welche Zielgruppe erreichst du gegenwärtig mit deinen Predigten?

Womit beschäftigt sich deine Zielgruppe aktuell (Talkshows, Gespräche, Musik, Filme, Serien, Fitness, Finanzen, ...)?

EINE SACHE, DIE DIR BESONDERS WICHTIG GEWORDEN IST

NOTIZEN

5 | DIE VIELFÄLTIGEN STILE DER PREDIGT

Die Textpredigt

Wie kann diese Predigt definiert werden? Welche Chancen und Herausforderungen gibt es bei diesem Predigttyp? Wie kann eine solche Predigt vorbereitet werden?

Die Buchpredigt

Hier stellen wir uns die gleichen Fragen wie bei der Textpredigt.

Die Themenpredigt

Auch hier ähnelt die Gliederung den ersten beiden Predigttypen.

Weitere Predigttypen

Wir werfen einen Blick auf einige weitere Predigttypen.

DIE VIELFÄLTIGEN STILE DER PREDIGT

In vielen Kirchen wird einseitig gepredigt. Die Situation sieht oft so aus:

Ein Bibeltext bildet die Grundlage für die Predigt.

Dieser Abschnitt wird am Sonntag ausgelegt. Entweder geschieht dies Vers für Vers oder indem die zentralen Aussagen zusammenfassend vorgetragen werden.

Zum Schluss folgt eine meist textbezogene Anwendung.

Textpredigt als vorherrsche Predigtform

Woran liegt es, dass die Textpredigt – oder auch Auslegungspredigt genannt – so vorherrschend ist?

Nicht zuletzt liegt es daran, dass die Perikopenordnungen der Landeskirchen einen einzigen Bibeltext für den jeweiligen Sonntag vorschlagen und ein Großteil der homiletischen Standardwerke in Deutschland in erster Linie die Textpredigt behandelt. (Eine Perikopenordnung ist eine Zusammenstellung von Bibelabschnitten [Perikopen], von denen jeweils ein Abschnitt für Lesung und Predigt am Sonntag vorgesehen ist.) Andere Predigttypen werden nur selten länger erläutert.

Auch in vielen Freikirchen wird die Textpredigt als der Normalfall angesehen. Andere Formen werden teilweise als Sonderformen der Predigt bezeichnet.[101]

Die methodistischen Homiletikdozenten Achim Härtner und Holger Eschmann schreiben zu Recht: „Wer sich mit Themapredigten [in diesem Buch „Themenpredigten“ genannt] beschäftigt, stellt fest, dass es in den Standardwerken zur Predigtlehre kaum Ausführungen dazu gibt. Dabei hat die Themapredigt ihr Recht, und dies vor allem angesichts derjenigen, für die die Berufung auf einen Bibeltext gar keine oder nur wenig Bedeutung hat.“[102]

Ein Argument für andere Predigtformen, das Härtner und Eschmann aufgreifen, ist also die Möglichkeit, kirchenferne Menschen zu erreichen. Besonders diese können oft nicht nachvollziehen, warum sie einem biblischen Text Glauben schenken sollten. Die Themenpredigt kann dabei helfen, verstärkt die Situation der Hörerinnen und Hörer in den Blick zu nehmen.[103]

Gründe für verschiedene Predigtformen

Welche Gründe gibt es noch für den Gebrauch verschiedener Predigtformen?

Verschiedene Lernzugänge. Wir sollten nicht davon ausgehen, dass wir alle auf die gleiche Weise reifen und lernen. Als Menschen sind wir nicht gleichförmig, sondern von Natur aus verschieden. Das zeigt sich in vielen Dimensionen:

Kulturelle Hintergründe.

Biblische Kenntnisse.

Bildungsgrade.

Erfahrungen.

Geschmäcker.

Lerntypen.

All diese Aspekte und noch viele mehr tragen dazu bei, dass wir auf verschiedene Arten neues Wissen erlernen. Wenn wir also viele verschiedene Zuhörerinnen und Zuhörer erreichen wollen, sollten wir darauf achten, abwechslungsreich zu predigen.

Dem Bibeltext gerecht werden. Nicht jeder Bibeltext eignet sich für eine Textpredigt. Indem wir auf verschiedene Predigttypen zurückgreifen, werden wir der Absicht des Bibeltextes gerecht.

Lass mich das einmal ins Absurde führen.

Stell dir vor, dass du gekonnt die Perikopenordnung ignorierst und mit deinem Predigtteam beschließt, das Buch der Sprüche in Textpredigtform durchzupredigen. Wenn du dir für jeden Sonntag ein Kapitel vornimmst, würde aus deinem Vorhaben *eine 31-wöchige Predigtreihe* werden!

31 Wochen!

Ohne in die Zukunft schauen zu können, kann ich dir sagen, dass nach drei Monaten die Hälfte der Mitglieder die Kirche wechseln werden. Okay. Vielleicht etwas übertrieben. Aber du verstehst den Punkt.

Was sich stattdessen viel mehr anbietet, ist eine Themenpredigt. Im Buch der Sprüche wiederholen sich viele Themen in den Kapiteln. Wähle lieber einzelne Themen, die immer wieder genannt werden, und entwickle daraus eine Predigt. Es ist z. B. sinnvoll, einzelne repräsentative Sprichwörter zu nehmen und daraus eine vierteilige Reihe über Geld, Macht, Beziehungen und Kommunikation zu machen.

Andere wichtige Bibelstellen eignen sich wiederum hervorragend für eine Textpredigt. Die Bergpredigt bietet inhaltlich so viel theologische Sprengkraft, dass man daraus eine ganze Predigtreihe machen könnte. Viele neutestamentliche Briefe eignen sich ebenfalls dafür, sie in mehreren Wochen Abschnitt für Abschnitt durchzupredigen.

Der Hillsong-Teaching-Pastor Robert Fergusson vergleicht die verschiedenen Predigtformen mit dem Klavierspiel:

> „Predigen ist ein bisschen wie Klavierspielen. Es gibt bestimmte Grundregeln, die befolgt werden müssen. Aber der Spielstil kann von Spielerin zu Spieler und sogar von Auftritt zu Auftritt variieren. Obwohl die Melodie dieselbe bleibt, kann eine Pianistin die Melodie in einem klassischen Stil wiedergeben, während ein anderer Pianist vielleicht Jazz spielt. [...] Es ist eine Frage des Könnens, des Geschmacks und des Kontextes."[104]

Wie du also hoffentlich bemerkt hast, gibt es nicht *den* Predigtstil. Wie in der Musik Jazz, Klassik und noch viele andere Formen nebeneinanderstehen, gibt es auch verschiedene Predigtformen, die nicht auf- oder abgewertet oder gegeneinander ausgespielt werden sollten. Diese vielfältigen Stile der Predigt wollen wir genauer betrachten.

Welche unterschiedlichen Predigtstile gibt es?[105]

Die Textpredigt

Definition

Wer hätte gedacht, dass es eine Textpredigt gibt ... Sehr offensichtlich nach den bisherigen Bemerkungen, oder? Trotzdem möchte ich sie kurz ansprechen.

Wie kann diese Predigt definiert werden?

Als Minimaldefinition verstehe ich unter der Textpredigt Folgendes: In einer Textpredigt wird ein einzelner Text ausgelegt und auf die Zuhörerinnen und Zuhörer angewandt.

Im Fokus steht also ein einzelner Bibeltext. Dieser kann mehr oder weniger ausgedehnt sein. Der Abschnitt umfasst ein Kapitel oder auch nur drei bis vier Verse. Dieser Teil wird ausgelegt und mit der Hauptaussage auf das Publikum übertragen.

Chancen

Welche Chancen hat die Textpredigt?

Die Textpredigt kann den Hörerinnen und Hörern Mut machen, sich selbst im persönlichen Studium mit einem ausgewählten Bibeltext zu beschäftigen. Indem ein einzelner Text von vorne ausgelegt wird, lernen die Gemeindeglieder, auf die Besonderheiten des Textes zu achten. Meines Erachtens ist das eine wertvolle und wichtige Aufgabe. Wir sollten uns als Ziel setzen, die Menschen reifer und mündiger zu machen. Diese Predigtform kann eine wertvolle Möglichkeit dafür sein, sie textsicherer zu machen.

Die Predigerinnen und Prediger bekommen einen wichtigen Rahmen, sodass der Inhalt abgesteckt ist. Im Kontrast zu einer Themenpredigt sind die Grenzen klar. Man kann sich nicht auf zig thematischen Nebenschauplätzen verirren. Bei dieser Predigtform ist deutlich, was gepredigt werden soll und was nicht. Das gibt der Predigerin oder dem Prediger die Freiheit, sich nicht ständig Gedanken zu machen, was denn noch alles angesprochen oder doch lieber weggelassen werden sollte.

Besonders für Menschen, die sich vermehrt im Predigen üben wollen, ist die Textpredigt ein guter Start. Aufgrund meiner freikirchlichen Prägung habe ich gemerkt, dass viele Jugendliche sich zu Beginn ihrer „Predigtkarriere" mit der Vorbereitung schwertun. Eine Textpredigt ist meiner Erfahrung nach wesentlich unkomplizierter vorzubereiten als andere Predigtformen.

Herausforderungen Und welche Herausforderungen gibt es?

Es kommt immer wieder vor, dass so viel Zeit und Mühe in die Textauslegung gesteckt wird, dass die Gemeinde vergessen wird. Jede und jeder von uns kennt doch diesen einen Prediger, der zwar eine saubere und ausführliche Exegese des Textes betreibt, aber absolut keine Ahnung hat, wer da eigentlich vor ihm sitzt.

Man kann sich in Details verlieren, die für das Textverständnis nicht primär wichtig sind. Besonders bei den neutestamentlichen Briefen investieren manche Predigerinnen und Prediger bei den Bibeltexten in jedes „Aber", „Dennoch" oder „Und" so viel Zeit, dass viele sich nicht mehr konzentrieren können. Irgendwie auch verständlich, wenn man 30 Minuten über drei Verse predigen soll, die nicht viel für den Gemeindekontext hergeben, oder? Da bin ich in der Vergangenheit auch schon ein paarmal ins Schwitzen gekommen.

Fragen, Nöte und Probleme des Publikums bleiben manchmal auf der Strecke. So eine Predigt hat am Ende keinen Bezug zum 21. Jahrhundert. Das ist eine mögliche Konsequenz, wenn die Exegese auf der Kanzel zu ausführlich gerät.

Vorbereitung Wie kann ich eine Textpredigt vorbereiten?

1. Wähle einen Text aus.

Die Textwahl verläuft in den Kirchen unterschiedlich. Wie weiter oben schon deutlich wurde, gibt es in manchen Kirchen eine freie

Textwahl. Die Predigerin oder der Prediger sucht sich selbst einen Abschnitt aus. In den meisten Kirchen orientiert man sich an einem Perikopensystem. In anderen werden Texte als Grundlage für eine geplante Predigtreihe vorgegeben.

2. Untersuche die vorliegende Stelle.

Je nach Textabschnitt variiert der historische und literarische Kontext. Welche Gattung liegt vor? Erzählung, Poesie oder Lehrtext? Welche kulturellen Gepflogenheiten werden im Text beschrieben, die in der Gegenwart ähnlich oder anders sind? Wie ist der Text gegliedert? Gibt es in den verschiedenen Übersetzungen ähnliche Formulierungen oder unterscheiden sich diese stärker voneinander? Diese und weitere Fragen müssen bei der Auslegung des Textes geklärt werden.[106]

3. Ziehe Literatur, Internet und deine Erfahrungen hinzu.

In diesem Schritt sollte Kommentarwissen herangezogen werden. Was sagen die Expertinnen und Experten? Deckt es sich mit deinen eigenen Beobachtungen? Wo kommen die meisten zu ähnlichen Ergebnissen? Wo sind Kontroversen? Auch ein Blick ins Internet ist hilfreich. Unterschätze aber nie, wie viele fragwürdige Informationen im Internet kursieren. Sei es auf YouTube, Blogs oder anderen Plattformen. Wenn es passt, kannst du auch eigene Erfahrungen einbringen, welche die biblischen Aussagen kreativ untermauern.

4. Notiere dir den Hauptgedanken des Textes.

Um den Hauptgedanken herauszufinden, ist es sinnvoll, nach wichtigen Wiederholungen zu suchen. Welche Wörter, Teilsätze oder Motive werden wiederholt? Welche Schlüsselwörter werden erwähnt? Diese Fragen können dir helfen, den Hauptgedanken des Textes schneller zu erfassen.

5. Formuliere deinen Hauptgedanken zu einem präzisen Predigtthema.

Das Predigtthema sollte den Hauptgedanken stützen oder zum Hauptgedanken des Textes hinführen. Es kann als Schlagzeile, Frage, Aufforderung oder Aussagesatz formuliert werden. An späterer Stelle werden wir uns noch mit der Titelfindung beschäftigen.

6. Erstelle eine Gliederung.

All die gesammelten Informationen aus deiner eigenen Beschäftigung mit dem Text, den Kommentaren, Büchern und Internet müssen vernünftig strukturiert werden. Lass alles raus, was nicht den Hauptgedanken der Predigt stützt. Wie du deine Predigt gliedern kannst, besprechen wir ebenfalls an späterer Stelle.

So viel zur Textpredigt.

Welche Predigtformen gibt es noch?

Die Buchpredigt

Diese Predigtform liegt mir besonders am Herzen. Ich habe sie erst vor einigen Jahren für mich entdeckt. Ehrlich gesagt kenne ich nur wenige, die in dieser Form predigen.

Definition Was versteht man unter einer Buchpredigt?

In einer Buchpredigt wird ein gesamtes Buch aus der Bibel überblicksmäßig in einem einzelnen Vortrag vorgestellt und auf die Situation der Gemeinde angewendet.

Ganz richtig gelesen. In einem einzelnen Vortrag. Es geht also weniger darum, einzelne Texte oder Themen aufzugreifen, sondern einen Überblick über ein biblisches Buch zu geben und die zentralen Aussagen auf den Gemeindekontext anzuwenden.

Du glaubst, das funktioniert nicht? Ich selbst habe es schon mit mehreren Büchern versucht. Meiner Erfahrung nach ist es mit vielen Büchern machbar. Du musst nur Mut haben. Mut zur Lücke. Im Zentrum stehen lediglich die wichtigsten Themen des Buches.

Chancen Welche Chancen hat die Buchpredigt?

Die Buchpredigt verschafft einen Überblick über das gesamte Buch. Mir ist oft aufgefallen, dass ich beim Bibellesen immer wieder den roten Faden verliere. Die grobe Makrostruktur vor Augen zu haben, hilft mir dabei, mich besser in einem biblischen Buch zu orientieren.

Hörerinnen und Hörer gewinnen ein tieferes Verständnis des biblischen Buches. Den meisten fällt z. B. beim Lesen des Predigerbuches nicht auf, dass in dem Buch zwei Stimmen zu Wort kommen: Da ist zum einen die Stimme des Autors (oder vermutlich besser gesagt: der Autoren/Tradenten), zum anderen die Stimme des Predigers/Lehrers, die sehr an Salomo erinnert.

Als ich eine Buchpredigt über dieses Buch gehalten habe, erlebten viele einen Aha-Effekt. Sie merkten, wie die späteren Autoren die Gedanken des Predigers einleiteten und am Ende bestätigten. Zusätzlich werden am Ende die Überlegungen weiter ausgebaut und der Blick von „unter der Sonne" wird auf „über die Sonne" geweitet.[107]

Dieses Überblickswissen hilft dem Publikum, einzelne Texte und Aussagen des Buches in seinen Gesamtzusammenhang einzuordnen.

Ein weiteres Beispiel: Im Hiobbuch spielt besonders die Gottesrede in Kapitel 38–42,6 eine zentrale Rolle. Gott führt Hiob in einer Art kosmischer Tour durch die gesamte Schöpfung. Ein faszinierender Text. Aber wie verhält sich diese Gottesrede zum Gesamtzusammenhang des Buches?

Wenn wir das Buch grob strukturieren, finden wir in den Kapiteln 1–2 und 42,7-17 den erzählerischen Rahmen. Der Hauptteil (Kapitel 3–42,6) ist in poetischer Form geschrieben. Ganz vereinfacht gesagt finden wir in diesem poetischen Teil hauptsächlich Gesprächsrunden. In den Kapiteln 3–37 sprechen Hiob und verschiedene Freunde. Der erste Freund Elifas redet. Hiob reagiert. Der zweite Freunde Bildad redet. Hiob reagiert. Der dritte Freund Zofar redet. Hiob reagiert. Das wiederholt sich ganze drei Mal (wobei Zofar bei der dritten Runde schon nichts mehr sagt und dementsprechend Hiob nicht mehr darauf reagiert). Irgendwann wechselt der Gesprächspartner. Hiob redet mit Gott. Gott reagiert aber nicht. Danach wird eine weitere Person eingeführt: Elihu. Auch er redet mehrere Kapitel lang. Über 30 Kapitel ziehen sich die Dialoge und Monologe. Frage: Wer spricht in all diesen Kapiteln nicht?

Gott!

Wenn man das Buch von Kapitel 1 bis 37 liest, spricht Gott nicht ein einziges Mal mit den Menschen auf der Erde. Der Autor möchte mit dem gesamten Buch das Verlangen wecken, dass Gott endlich anfängt zu reden und sich erklärt!

Er soll endlich in das Leid von Hiob eingreifen.

Er soll endlich eine Erklärung für diese Tragödie geben.

Er soll sich endlich seine Intention preisgeben.

Wie zentral die Rede Gottes ist, zeigt der Gesamtzusammenhang des Buches besonders gut. In einer einzelnen Textpredigt kann man dies zwar auch erläutern, aber dadurch wird dieser Punkt nicht so eindrücklich wie durch eine Buchpredigt.

Aber natürlich ist auch die Buchpredigt kein Allheilmittel. Auch sie hat ihre Schattenseiten.

Herausforderungen

Welche Herausforderungen gibt es?

Die Predigt kann schnell in einen bibelkundlichen Vortrag ausarten. Einleitungsfragen wie die Frage nach dem Autor, der Datierung, Gattung und vielem mehr sind zwar spannend, aber sie dürfen in der Predigt keinen zu großen Raum einnehmen. Zumindest nicht, wenn man der feinen Unterscheidung zwischen Lehre und Predigt folgt, wie sie in Kapitel 3 dargelegt wurde.

Während der Predigt kann die Predigerin oder der Prediger sich in den Details verlieren. Sie klug auszuwählen, stellt vermutlich die größte Herausforderung dar. Welche Informationen erwähne ich? Was lasse ich aus? Worauf lege ich meinen Schwerpunkt? Auch wenn es mir schwergefallen ist, musste ich z. B. bei der Hiob-Buchpredigt so wichtige Texte wie Hiobs Lied der Weisheit in Kapitel 28 vernachlässigen.

Es besteht eine große Spannung zwischen dem Vorlesen des Bibeltextes und der Wiedergabe in eigenen Worten. Auf der einen Seite will man die biblischen Texte selbst sprechen lassen. Auf der anderen Seite muss man auch vieles zusammenfassend wiedergeben. In der Vorbereitung scheint zuerst alles wichtig zu sein. Trotzdem muss man aufpassen, dass man die Predigt nicht mit zu vielen Bibelstellen versalzt. Die Mischung macht es. Bei der Prediger-Buchpredigt habe ich z. B. insgesamt nur drei Stellen vorgelesen. Auch wenn ich gerne noch mehr nennen wollte, hätte es den Rahmen gesprengt.

Vorbereitung

Wie kann ich eine Buchpredigt vorbereiten?

1. Lies das betreffende Buch so häufig, bis du dich darin zu Hause fühlst.

Ich weiß. Das ist eine Herausforderung. Deswegen empfehle ich auch nicht, als Anfängerin oder Anfänger mit einer Buchpredigt zu beginnen. Über die Zeit entwickelst du aber ein besseres Gespür für die biblischen Bücher. Die Videos von BibleProject Deutsch können dabei helfen, einen ersten Eindruck von dem Buch zu bekommen.[108] Das erspart allerdings nicht die eigene Recherchearbeit. Lies das biblische Buch so oft durch, bis du dich inhaltlich sicher fühlst.

2. Kläre für dich die Einleitungsfragen zu dem betreffenden Buch.

Es gibt im deutschen und englischen Raum sehr viele Einleitungsbücher und Kommentare, die dir zu einem tieferen Verständnis verhelfen können. Wer hat das Buch geschrieben? Welche theologischen Themen sind zentral? Wie wird das Buch datiert? In welchen Kontext spricht der Inhalt hinein bzw. auf welchen Kontext reagiert das Buch? Diese und viele weitere Fragen müssen geklärt werden.

3. Finde heraus, welches Thema und welche Schlüsselverse zentral sind.

Es ist hilfreich, die Predigt so zu strukturieren, dass Thema und Schlüsselverse im Mittelpunkt stehen. Im Richterbuch ist der Ausspruch „Jeder tat, was er für richtig hielt" zentral. Im Predigerbuch ist die Aussage „Alles ist nichtig und ein Haschen nach Wind" Programm.

4. Hab Mut zur Lücke – wähle ein paar Belegstellen aus.

Von den zahlreichen untersuchten Bibelstellen sollten nur die wichtigsten in der Predigt auftauchen. Die Leute dürfen nicht mit zu vielen Informationen überflutet werden. Wähle zu jedem wichtigen Gedanken ein bis zwei Belegstellen aus.

5. Erstelle eine Gliederung.

In der Gliederung sollte der Gedankengang und der rote Faden des Buches deutlich werden. Mir persönlich hilft es, die Gliederung im einfachen Design des BibleProjects zu skizzieren. Die Predigerbuch-Predigt habe ich für mich so gegliedert:

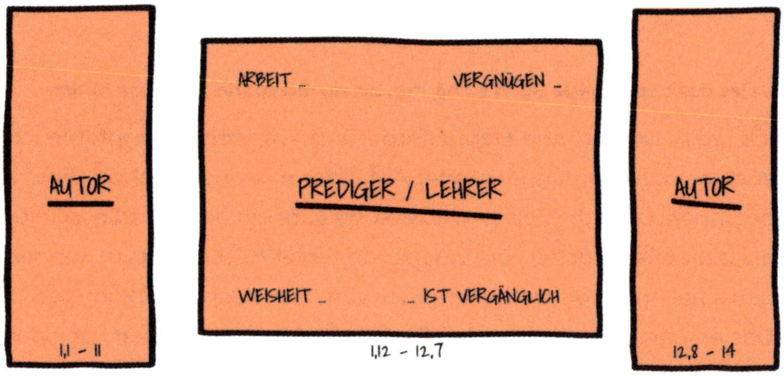

Jeder Teil kann in der Vorbereitung mit zentralen Schlagworten gefüllt werden.

Sicherlich eignet sich nicht jedes Buch auf gleiche Weise für eine Buchpredigt. Dennoch kann diese Predigtform eine Bereicherung für die Gemeinde sein. Gerade die Themen des Predigerbuches sind nicht nur für kirchennahe Menschen relevant. Auch für Distanzierte gibt es einige Anknüpfungspunkte.

Die Themenpredigt

Definition In einer Themenpredigt wird ein gegenwärtiges Thema biblisch-theologisch reflektiert.

Meistens steht also eine Frage oder ein Thema im Vordergrund, welches sich zum einen nicht mit einem einzelnen Text beantworten lässt und zum anderen die Hörerinnen und Hörer gegenwärtig beschäftigt.

Chancen Welche Chancen hat die Themenpredigt?

In ihr werden konkrete Fragen oder Probleme der Zuhörerinnen und Zuhörer thematisiert. Das können Fragen zur Erziehung, zu politischen Ereignissen oder aufkommenden Trends sein. Die Predigerin oder der Prediger zeigt der Gemeinde, dass sie mit ihren Fragen und Nöten nicht allein gelassen wird.

Diese Predigt findet oft mehr Anklang als eine klassische Textpredigt. Weil die Lebenswelt stärker im Fokus steht, ist das Interesse der Hörerinnen und Hörer viel höher. Indem man ein Thema des Alltags aufgreift, kann man sich viel schneller Gehör verschaffen.

Aktuelle Themen werden biblisch-theologisch reflektiert. Die Themenpredigt bietet den Menschen in ihrer Orientierungslosigkeit eine christliche Orientierung. Besonders dort, wo sich Menschen nicht sicher sind, wie sie bestimmte Themen einordnen sollen, kann die Themenpredigt mehr Klarheit bringen.

Herausforderungen

Welche Herausforderungen hat die Themenpredigt?

Die Vorbereitung ist wesentlich zeitaufwendiger als die einer Textpredigt. Zum einen muss die Lebenswelt der Zuhörerinnen und Zuhörer genau analysiert werden. Zum anderen wird nicht nur ein Textabschnitt, sondern es werden mehrere Abschnitte behandelt. Dementsprechend müssen alle relevanten Texte exegetisch untersucht werden. Das ist zeitintensiv. Lange Vorbereitungszeiten sind der Normalfall.

Die Auswahl an Bibelstellen kann sehr willkürlich sein und in eine Einseitigkeit führen. Fakt ist: Man kann jede Meinung mit irgendeinem Vers belegen. Bei der Vorbereitung eines Themas kann es zu einer „Rosinenpickerei" kommen. Einzelne Verse werden zusammengewürfelt und zu einer Predigt gemacht.

Wenn sich Menschen mit wenig Predigterfahrung an eine Themenpredigt trauen, können sie ihre eigenen exegetischen Fähigkeiten schnell überschätzen. Schon öfters habe ich mitbekommen, dass junge Menschen, die eine Andacht oder Predigt vorbereiten wollten, bei der Onlineplattform ERF Bibleserver z. B. das Stichwort „Liebe" eingetippt und danach ihre Recherche abgeschlossen haben. Jetzt ist es nicht grundsätzlich falsch, das Stichwort „Liebe" zu suchen. Aber es braucht mehr exegetisches Geschick, als lediglich ein paar Verse zu lesen und zu einer Predigt zusammenzubauen.

Vorbereitung Wie kann ich eine Themenpredigt vorbereiten?

1. Grenze das Thema ein.

Dafür musst du zuerst den zeitlichen Rahmen abstecken. Wie viel Zeit hast du? Geht es um eine 45-Minuten-Rede oder um eine kurze Andacht? Danach musst du den inhaltlichen Rahmen klären. Das Thema „Gebet" ist ein zu großes Thema für eine einzelne Predigt. Das Thema „Vaterunser" wäre zu klein, denn es kann auf einen einzelnen Text begrenzt werden. Eine mögliche Idee wäre das Thema: „Was kann ich tun, wenn Gott mein Gebet nicht erhört?"

2. Recherchiere und analysiere die gegenwärtige Situation.

Damit die Predigtidee konkreter wird, solltest du zu dem aufgeworfenen Problem oder der aufgeworfenen Frage alle relevanten Informationen sammeln. Wir sollten darum bemüht sein, das Thema, das die Menschen gerade beschäftigt, so korrekt wie möglich darzustellen.

Andernfalls kommt es nicht selten zu einem Strohmann-Argument. Damit ist gemeint, dass Scheinargumente aufgeworfen werden und bestimmte Sichtweisen unterstellt werden, die aber nicht wirklich die Realität abbilden. In der Predigt werden dann diese „banalen" Sichtweisen widerlegt und damit ist das Thema vom Tisch. Das müssen wir auf jeden Fall vermeiden! Wie oft wurden schon falsche Feindbilder konstruiert, die nicht der Wirklichkeit entsprechen. Mach dir also die Mühe, das Problem so fair und korrekt wie möglich zu beschreiben.

3. Sammle alle Stellen, die für das Thema relevant sind.

Um eine Expertin oder ein Experte auf dem Gebiet zu werden, solltest du alle Bibelstellen zu diesem Thema sammeln. Mein Tipp: Erstelle eine Liste, in der links die Bibelverse stehen und rechts die inhaltlichen Schwerpunkte dieser Verse.

Einige Hilfsmittel wie Konkordanzen, Lexika und Wörterbücher sind unverzichtbar. Um nicht den Rahmen zu sprengen, erwähne ich hier nur das WiBiLex als seriöse Internetquelle.[109] Außerdem ist es an dieser Stelle wichtig, zu schauen, ob theologische Expertinnen und Experten dieses Thema schon eingeordnet haben. Wir müssen das Rad nicht neu erfinden, sondern dürfen auf Entwürfe von kompetenten Menschen zurückgreifen, die sich oft noch viel gründlicher mit Themen auseinandergesetzt haben.

4. Untersuche die relevanten Stellen im Kontext.

In welche Situation wird die Aussage des jeweiligen Verses hineingesprochen? Was ist der unmittelbare Kontext? Bedarf es hier einer näheren Untersuchung des kulturellen Hintergrunds? Welche Übersetzung wählt welche Wörter? Wie verändert sich dadurch der Sinn? Hier solltest du so ähnlich vorgehen wie bei einer Textpredigt. Der große Unterschied ist nur, dass die Exegese bei einer Themenpredigt wesentlich zeitaufwendiger ist. Das hat einen einfachen Grund: Du hast nicht nur einen Text, sondern mehrere Texte als Grundlage.

5. Entwickle eine Gesamtschau auf das Thema für dich.

Nach und nach entwickelst du durch das Untersuchen der Stellen einen Überblick über dein Thema.

Du merkst, es gibt verschiedene Predigtformen, die alle ihre Chancen und Herausforderungen haben. Welche Predigtformen gibt es noch?

Weitere Predigttypen

Neben diesen Predigttypen gibt es noch zahlreiche weitere Formen, wie Predigten gestaltet werden können. Aus Platzgründen erwähne ich diese nur kurz. Das soll aber nicht ihren Wert schmälern.

Lebensbildpredigt

Lebensbildpredigt. Die Lebensbildpredigt beschäftigt sich mit dem Leben einer biblischen Person. Beispielsweise für Richterinnen und Richter wie Gideon, Simson und Deborah könnte eine einmalige Lebensbildpredigt gehalten werden. Für Personen wie Mose, David oder Abraham würden sich eher ganze Predigtreihen anbieten.

Dialogpredigt

Dialogpredigt. Die Dialogpredigt teilt den Vortrag auf zwei Personen auf. Die Vortragenden spielen sich gegenseitig Aspekte des Themas zu. Die Rollen können unterschiedlich verteilt sein. Entweder gibt es eine Moderatorin oder einen Moderator und eine Expertin oder einen Experten. Es können auch beide Expertinnen oder Experten sein. Der Vortrag kann als Gespräch gestaltet werden. Eine andere Möglichkeit ist die Aufteilung der Predigt in einzelne Redeblöcke. Person 1 redet zehn Minuten über einen bestimmten Aspekt. Person 2 spricht zehn Minuten über einen anderen Aspekt. Hier kann aber der dialogische Charakter etwas verloren gehen, wenn die Gedanken der jeweils anderen Rednerin oder des jeweils anderen Redners nicht einbezogen werden.

Interaktive Predigt

Interaktive Predigt. Die interaktive Predigt sucht einen Dialog zwischen der Predigerin oder dem Prediger und den Zuhörenden. Die Predigerin oder der Prediger geht flexibel und spontan auf das Publikum ein. Dies könnte z. B. als Frage-Antwort-Runde zu einem bestimmten Thema gestaltet werden.

Mediale Predigt

Mediale Predigt. Die mediale Predigt greift Medien auf und strukturiert die Predigt davon ausgehend. Zum Beispiel könnte eine Predigt nach einem Lied gestaltet werden. Oder man könnte eine Bildpredigt über das Abendmahl ausgehend von Leonardo Da Vincis Bild „Das Abendmahl" halten.

Ich hoffe, es ist deutlich geworden, wie vielfältig Predigten gestaltet werden können. Je nach Kontext sollte man darauf achten, welcher Predigttyp besonders angebracht ist. Verschieden zu predigen bereichert sowohl die Predigerinnen und Prediger selbst als auch das Publikum. Es bringt frischen Wind in eine Veranstaltung und kann neue Perspektiven aufzeigen.

TAKE-AWAYS FÜR DIE PREDIGT

- Nutze die Vielfalt an Predigtformen. Probiere dich aus und spring über deinen Schatten. Es gibt mehr als einen einzigen Predigtstil.
- Unterschätze nicht die Zeit für die Vorbereitung. Verglichen mit der Textpredigt ist die Thema- und Buchpredigt noch zeitaufwendiger. Über die Jahre entwickelt man zwar eine Routine, mithilfe derer Predigten auch schneller vorbereitet werden können. Aber gerade, wenn man sich mit bestimmten Themen, Büchern oder Texten noch wenig auseinandergesetzt hat, braucht es besonders viel Vorbereitungszeit.
- Mein Tipp: Fang mit Textpredigten an. Wenn du über die Zeit mehr Sicherheit gewonnen und dir mehr und mehr theologisches Wissen angeeignet hast, nimm weitere Predigtformen in den Blick.

TIEFER GRABEN

1. Vorherrschende Predigtform in deiner Gemeinde

Wir haben gerade gesehen, wie vielfältig Predigten gestaltet werden können. Welcher Predigttyp ist in deiner Kirche vorherrschend? Meinst du, es wäre gut, mehr Abwechslung in der Predigtgestaltung zu haben? Oder ist es erst einmal besser, bei einem Format wie der Textpredigt zu bleiben, weil viele Predigerinnen und Prediger wenig geschult sind in den biblischen Inhalten?

Deine Einschätzung:

2. Talkrunden und Buchpredigten

Ich habe selten erlebt, dass ganze Bücher in einer Predigt vorgetragen werden. Auch Talkrunden (Dialogpredigten) finden sich im Gottesdienst weniger. So zumindest meine Erfahrung. Wie sind deine Erfahrungen? Denkst du, Predigten sollten öfters in diesen beiden Formanten gehalten werden? Wenn ja, warum? Wenn nein, warum nicht? Welche Themen lassen sich gut in diesen Formaten behandeln?

Deine Einschätzung:

EINE SACHE, DIE DIR BESONDERS WICHTIG GEWORDEN IST

NOTIZEN

6 | EINE LANDKARTE DER PREDIGTSTRUKTUREN

Das Predigtkrawatten-Modell

Das Bild der Predigtkrawatte ist durch Helge Stadelmann bekannt geworden. Er beschreibt die klassische Predigtgliederung, die sich mit einer Krawatte vergleichen lässt.

Das Communicating-for-a-Change-Modell

Der Pastor Andy Stanley hat nach jahrelanger Diensterfahrung seine Predigtstruktur entwickelt und in dem Buch „Communicating for a Change“ festgehalten.

Das lernpsychologische Modell

Dieses Strukturierungsmodell stammt aus der Lernpsychologie. Diesen Vorschlag zur Gliederung der Predigt hat Peter Burkowski ausführlich behandelt.

Das Call-and-Response-Modell

Dieses Modell findet seinen Ursprung im afroamerikanischen Kontext. Der Prediger Evans E. Crawford legt einen besonders starken Schwerpunkt auf die Reaktion der Menschen während der Predigt und betont die „homiletische Musikalität“.

Das evangeliumszentrierte Modell

Diese Strukturierung orientiert sich weniger an rhetorischen, psychologischen oder musikalischen Aspekten, sondern ist vor allem theologisch. In Amerika wird dieses Modell besonders stark von Bryan Chapell vertreten.

EINE LANDKARTE DER PREDIGTSTRUKTUREN

Je mehr Predigten du gehört hast, desto öfter hast du vielleicht gemerkt, wie unterschiedlich Predigten strukturiert werden können. Trotzdem kommt man sich besonders am Anfang seiner „Predigtkarriere" etwas verloren vor. Man weiß nicht so recht, wie der erarbeitete Inhalt in eine vernünftige Struktur gebracht werden kann. Zumindest ging es mir so.

Meine erste Predigtvorbereitung

Ich erinnere mich noch bruchstückhaft an meine erste Predigtvorbereitung. Ich war damals 16 Jahre alt und war mir sehr unsicher, was ich mit all den Informationen und Gedanken, die ich gesammelt hatte, anfangen sollte.

Soll ich alles sagen, was ich während meiner Vorbereitung in mein Word-Dokument geschrieben habe?

Gliedere ich den Inhalt in verschiedene Unterpunkte?

Darf man überhaupt das ganze Wissen in einen Vortrag packen?

Irgendwie fand ich damals alle Informationen wichtig. Als ich merkte, wie schwierig es eigentlich ist, eine Predigt zu halten, stand ich schon auf der Kanzel und blickte in die Gesichter der Menschen. Also sagte ich einfach alles, was ich wusste.

Ich vermute mal, dass bei den Hörerinnen und Hörern nur wenig hängen geblieben ist. Eine konstruktive Rückmeldung ihrerseits blieb damals zumindest aus.

Mehrere Möglichkeiten

Nach meinem Abitur besuchte ich eine theologische Ausbildungsstätte, bei der ich eine erste Strukturierungsmöglichkeit kennenlernte: das Predigtkrawatten-Modell. Über die Zeit merkte ich aber, dass es noch weitere Modelle gibt.

Einige dieser Modelle möchte ich hier vorstellen. Auch wenn ich keinen Anspruch auf Vollständigkeit erhebe, möchte ich eine Landkarte der Predigtstrukturen entwerfen. Sie kann dabei helfen, einen ersten Überblick zu gewinnen, wie vielfältig Predigten gegliedert werden können.[110]

Kleine Notiz am Rande: Die Modelle kannst du übrigens auch auf Andachten, Grußworte oder ähnliche Redeformen übertragen.

Beginnen wir mit dem bereits erwähnten Predigtkrawatten-Modell.

Das Predigtkrawatten-Modell

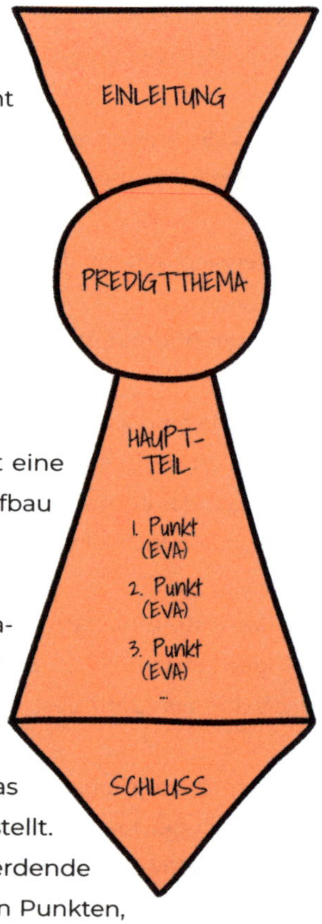

In gewisser Weise ist das Predigtkrawatten-Modell die gängigste Form der Rede. Der Aufbau einer Rede geschieht in einem Dreischritt:

Einleitung.

Hauptteil.

Schluss.

Dieser Dreischritt ist in der Gegenwart eine der wichtigsten Grundlagen für den Aufbau einer Rede.

Der deutsche Homiletikdozent Helge Stadelmann vergleicht die Struktur einer Predigt mit einer Krawatte: Die Einleitung beginnt breit, spitzt sich zu und führt zu dem Krawattenknoten, der das Predigtthema und die Textlesung darstellt. Daraufhin folgt eine immer breiter werdende Entfaltung des Themas in verschiedenen Punkten, die alle dem Predigtthema untergeordnet sind. Am Ende rundet die Spitze der Krawatte die Predigt wieder ab und beschließt sie.

Schauen wir uns die dreistufige Gliederung einmal genauer an.

Einleitung.

Die Einleitung sollte in Form und Inhalt so beschaffen sein, dass sie die Hörerinnen und Hörer abholt. Zwei wichtige Punkte müssen wir genauer betrachten.

Einleitung

Zum einen kann die Einleitung sehr unterschiedlich beginnen. Hörerinnen- und hörerbezogen ist sie dann, wenn die Einleitung an ein Zeitgeschehen anknüpft oder mit einem griffigen Zitat beginnt. Sie kann aber auch mit einer Besonderheit des Predigttextes beginnen oder auch mal mit einem „Kaltstart", also dem direkten Vorlesen des Bibeltextes.

Zum anderen führt die Einleitung das Publikum zum Thema. Das heißt, wir sollten keine Themen anschneiden, die wenig bis nichts mit der eigentlichen Predigt zu tun haben.

Hauptteil.

Der Hauptteil entfaltet die Predigt. Zu jedem Gliederungspunkt gehören Erklärung, Veranschaulichung und Anwendung, die mit dem Akronym EVA zusammengefasst werden können.

Hauptteil

Bei der Erklärung werden der Gedankengang und die zentralen Begriffe des Predigttextes erläutert. Hier wird der Bibeltext ausgelegt.

Als Nächstes werden die Erklärungen des Textes veranschaulicht. Das kann auf verschiedene Arten geschehen:

1. durch verbale Illustrationen wie Geschichten, Zitate oder Statistiken
2. durch technisch-akustische Illustrationen wie Musik- und Hörszenen oder Aufnahmen
3. durch visuelle Illustrationen wie Gegenstände oder Präsentation

Am Ende jedes Gliederungspunktes folgt die Anwendung. Sie sollte beispielhaft und lebensnah sein. Zum Schluss wird zum nächsten Punkt übergeleitet. Im Optimalfall ist diese Überleitung so flüssig, dass den Hörerinnen und Hörern der Übergang gar nicht auffällt.

Schluss.

Schluss Der Schluss ist eine zusammenfassende Wiederholung und motivierende Zuspitzung. Hier werden keine neuen Gedanken mehr eingeführt. Dementsprechend sollte hier die Hauptaussage des Textes noch einmal abschließend benannt werden, eventuell auch in etwas anderen Worten.[111]

Das Communicating-for-a-Change-Modell

Der amerikanische Pastor Andy Stanley verfolgt einen etwas anderen Ansatz. In seinem Buch „Communicating for a Change" stellt er sieben Aufforderungen vor, die seine Herangehensweise beim Predigen zusammenfassen.[112] Er möchte sein Publikum in der Predigt herausfordern, Denken und Leben zu ändern.

Im dritten Kapitel seines Buches fordert er die Leserinnen und Leser auf, eine Predigtkarte zu erstellen. Diese Predigtkarte gliedert die Predigt und enthält fünf Wörter. Jedes dieser Wörter stellt einen eigenen Abschnitt der Predigt dar.

ME	WE	GOD	YOU	WE
Orientierung	Identifizierung	Erläuterung	Anwendung	Inspiration

ME.

ME = Orientierung Wie stark man auf das ME eingeht, hängt vom jeweiligen Publikum ab. Wenn du vor einem neuen Publikum predigst, ist es vermutlich wichtiger. Es kennt dich nicht. Hier solltest du dich selbst vorstellen und einiges über dich erzählen. Bei einem bekannten Publikum kann dieser Punkt kürzer ausfallen. Auch wenn du an diesem Punkt über dich redest, geht es bei ME eigentlich nicht um dich. ME ist dazu da, dass du durch das Vorstellen deiner eigenen Person eine gemeinsame Grundlage mit dem Publikum schaffst.

WE.

Durch das WE versuchen wir, die Zuhörerinnen und Zuhörer in die Predigt einzuspannen. „Manchmal frage ich mich, warum ich mich mit dem Beten so herumquäle (ME). Ich kann mir gut vorstellen, dass es hier auch nicht allen leichtfällt (WE)."

WE = Identifizierung

„Manchmal wundert es mich, warum ich immer wieder mit den gleichen Versuchungen zu kämpfen habe (ME). Aber das geht nicht nur mir so, oder (WE)?"

Stanleys Tipp: Wechsle nicht zum nächsten Punkt, bevor du das Gefühl hast, dass eine Spannung erzeugt wurde, die das Publikum lösen möchte.

GOD.

Im Abschnitt GOD geht es darum, die Hörerinnen und Hörer mit dem Bibeltext vertraut zu machen. Dabei kommt es allerdings immer wieder zu zwei Extremen:

GOD = Erläuterung

- Extrem 1: Bei der Predigt werden ein paar Verse oberflächlich erwähnt, ohne dass diese genauer erklärt werden. Als Folge bleiben die Hörerinnen und Hörer biblische Analphabeten.

Extrem 2: Verse werden so tief und lange betrachtet, bis auch die letzte Zuhörerin oder der letzte Zuhörer eingeschlafen ist. Dadurch wird ihnen vermittelt, dass sie niemals alleine die Bibel verstehen werden.

Versuche also ein Gleichgewicht zu halten.

YOU.

YOU = Anwendung

Hier steht die Anwendung im Mittelpunkt. Dabei kann es hilfreich sein, nach den konzentrischen Kreisen innerhalb von Beziehungen zu fragen:

- Wie trifft das auf mich zu?
- Wie trifft das auf meine familiären Beziehungen zu?
- Wie trifft das auf meine Beziehungen innerhalb der Kirche zu?
- Wie trifft das auf meine Beziehungen außerhalb der Kirche zu?
- Wie trifft das auf meine Arbeit zu?

Eine andere Möglichkeit besteht darin, die verschiedenen Lebensabschnitte zu durchdenken:

- Wie trifft das auf Teenager und Studierende zu?
- Wie trifft das auf Singles zu?
- Wie trifft das auf neuverheiratete Paare zu?
- Wie trifft das auf Eltern zu?
- Wie trifft das auf Eltern zu, deren Kinder ausgezogen sind?

WE.

WE = Inspiration

Bei WE geht es um die Vision. Es ist der abschließende inspirierende Moment, in dem ein Bild gemalt wird, was sein könnte oder was sein sollte. Am Schluss wird das Publikum herausgefordert, sich vorzustellen, wie Kirche, Gemeinschaft, Familie oder vielleicht auch die Welt sein könnte, wenn dieser Predigtpunkt umgesetzt wird.[113]

Halten wir also fest: Wir können unsere Rede wie eine Predigtkrawatte oder wie eine Karte strukturieren. Gibt es noch weitere Möglichkeiten?

Das lernpsychologische Modell

Fünf Phasen

Der deutsche Homiletikdozent Peter Burkowski bespricht in seinem Buch „Predigt wahrnehmen“ das lernpsychologische Aufbaumodell. Dieses Modell begreift die Predigt von den Gesetzen der Lernpsychologie her. Den Spannungsbogen, der sich daraus ergibt, können wir in fünf Phasen gliedern. Wie sehen diese Phasen aus?

Phase	Funktion
Phase 1: Motivation	Hier wird das Interesse geweckt. Die Zuhörerschaft wird an die Problematik herangeführt. Eine Frage, ein Wunsch oder eine Sehnsucht wird aufgegriffen und dargestellt.
Phase 2: Problemdarstellung	Das Problem wird präzise benannt und eingegrenzt, damit es nicht zu Unklarheiten und Missverständnissen kommt.
Phase 3: Irrtümliche Lösungsmöglichkeiten	Verschiedene Möglichkeiten werden als „Scheinlösungen“ entlarvt. Der Wunsch nach einer besseren Lösung soll geweckt werden. Die Menschen sollen den Eindruck gewinnen, dass die Predigerin oder der Prediger es ernst meint mit der Lösungsfindung und -darstellung.
Phase 4: Lösungsangebot	Die biblischen Texte, die eine Antwort auf das Problem geben, werden erläutert. Es sollte aber nicht verschwiegen werden, dass die Lösung kein Patentrezept ist.
Phase 5: Lösungsverstärkung	Die angebotene Lösung wird auf die Lebenswelt der Hörerinnen und Hörer übertragen. Der biblische Text wird mit der Gegenwart verknüpft. Die Menschen sollen ermutigt werden, in ähnlichen Situationen entsprechend zu handeln.

Vorbereitung

In der Vorbereitung ist der Ausgangspunkt oft die „Problemdarstellung“ oder das „Lösungsangebot“. Man beginnt also mit einem gegenwärtigen Problem oder mit dem Bibeltext. Diese beiden Phasen sind die Kernpunkte.[114]

Wenn du vom Bibeltext ausgehst, solltest du fragen, welche Probleme und Fragen dieser Text beantwortet. Wenn du vom Problem ausgehst, solltest du fragen, welcher Text darauf eine angemessene Antwort gibt.

Dabei gilt es, bei der Problem- und Fragefindung zwei Extreme zu vermeiden. Auf der einen Seite kannst du zu einfache Fragen aufwerfen, die alle schon vor der Predigt beantworten können. Auf der anderen Seite können zu komplexe Fragen das Publikum überfordern.

Wie immer gilt: Es kommt auf die richtige Balance an.

Bei zu einfachen oder zu komplexen Fragen werden die Zuhörenden die Predigt schnell als irrelevant oder lebensfern abtun. Schlimmstenfalls stellen sie entweder die Intelligenz der Predigerin oder des Predigers infrage oder sie oder er muss sich den Vorwurf anhören, im Elfenbeinturm zu leben.

Nachdem die Phasen 2 und 4 vernünftig vorbereitet wurden, bearbeitet man die Phasen 1, 3 und 5 genauer. Bei den irrtümlichen Lösungsmöglichkeiten ist es wichtig, darauf zu achten, dass sie wirklich korrekt dargestellt werden. Zu oft wurden schon „Feindbilder" zerstört, die die Predigerin oder der Prediger nicht wirklich verstanden hat.

Ich persönlich habe schon oft gemerkt, dass Predigerinnen und Prediger sich nicht die Mühe gemacht haben, sich mit einzelnen Positionen ausführlicher auseinanderzusetzen. Damit haben sie schon ein Teil ihrer Glaubwürdigkeit verloren, weil sie etwas kritisiert haben, was sie nicht vollständig begriffen haben.

Wir können unsere Predigt also nach einer Predigtkrawatte, einer Karte oder als Lernprozess gestalten. Es gibt aber auch Modelle, die nicht aus amerikanischen oder europäischen Traditionen stammen. Eines dieser Modelle möchte ich im nächsten Abschnitt genauer vorstellen.

Das Call-and-Response-Modell

Der Call-and-Response-Ansatz – oder auf Deutsch: der Ruf-und-Antwort-Ansatz – ist eine der zentralen Komponenten des Black Preachings. Er entstammt einer westafrikanischen Tradition.

Die Reaktion der Gemeinde

Die Reaktion der Gemeinde spielt in diesem Ansatz eine so wichtige Rolle, dass viele Predigerinnen und Prediger während des Redens immer wieder innehalten und ihre Predigt pausieren, um der Gemeinde Raum für ihre Antwort zu geben.

Der afroamerikanische Prediger Evans E. Crawford legt in seinem Werk „The Hum: Call and Response in African American Preaching" einen besonders starken Schwerpunkt auf die Antwort der Zuhörerschaft während der Predigt. Der fortschreitende Prozess in der Verkündigung wird anhand der Reaktion der Gemeinde beurteilt. Je stärker die Kirche auf die Predigt reagiert, desto weiter ist die Predigt fortgeschritten. Das Ziel der Predigt ist es, die Menschen zu ermutigen, mit einem „Glory Hallelujah!" aus tiefstem Herzen zu antworten.

Im Laufe der Predigt wird die Stimme der Predigerin oder des Predigers immer lauter. Die Beteiligung der Gemeinde intensiviert sich. Am Ende stimmen alle in ein „Halleluja" und „Amen" ein, um aus tiefstem Herzen auf die Predigt zu antworten. Die Gegenwart Gottes wird gefeiert. Das ist das Ziel der Predigt.

Ein wichtiger Faktor, um eine solche Reaktion zu erwecken, ist für Crawford die „homiletische Musikalität". D. h. die Predigerin oder der Prediger sollte auf Pausen, Timing, Tonfall, Tempo und andere musikalische Qualitäten in der Rede achten.

Fünf Stufen der Reaktion

Crawford erkennt fünf progressive Stufen der Hörerinnen- und Hörerreaktionen in der Verkündigung, an der sich die Predigerin oder der Prediger orientieren kann.

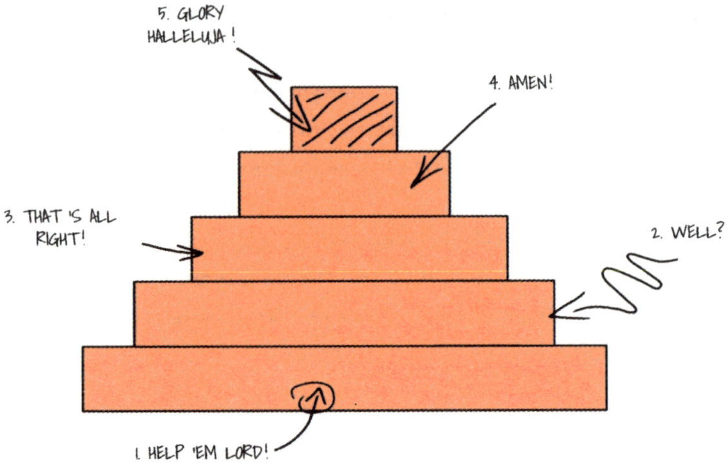

Diese Stufen sind für ihn aber keineswegs erschöpfend, sondern nur anregend. Sie sollen zu einer konstruktiven Reaktion ermutigen, die von Kirche zu Kirche und von Mentalität zu Mentalität verschieden ist.

Noch eine kurze Randbemerkung, bevor wir uns mit den fünf Stufen beschäftigen: Im Laufe des Buches führt Crawford diese fünf Stufen leider nur selten konkret weiter aus. Stattdessen konzentriert er sich auf einzelne Aspekte des Call-and-Response Ansatzes, die die Menschen von einem „Help 'em Lord!" zu einem „Glory Halleluja!" führen. Die meisten Punkte, die gleich erwähnt werden, können in gewisser Weise für verschiedene Stufen angewendet werden. Ich war so frei und habe die Aspekte auf die einzelnen Phasen angewendet.[115]

Help 'em Lord!

Help 'em Lord!

Zu Beginn sucht die Predigerin oder der Prediger die Verbindung zur Gemeinde. Sie oder er versucht, eine Atmosphäre zu schaffen, die dazu anregt, die Predigt nicht nur zu hören, sondern mit dem ganzen Sein an ihr teilzunehmen.

Ein zentraler Faktor, der diese Atmosphäre erzeugt und eine Verbindung zur Gemeinde schafft, sind Pausen. Es sind kurze, dramatische Pausen, die Spannung und Neugierde im Publikum erzeugen.

Häufig gehen diese Pausen aber auch über das Dramatische hinaus. Als Zeiten der Stille haben sie etwas mit Meditation zu tun, sodass sie am besten als „meditative Pausen“ bezeichnet werden können. Sie schaffen die Möglichkeit, Erfahrungen mit Gott in der Stille zu machen. Besonders zu Beginn oder am Ende der Predigt können im Gebet diese Pausen wirkmächtig sein, wenn man sich darauf einlässt.[116] Auch die Gemeinde bittet im Gebet darum, dass die Predigerin oder der Prediger eine Brücke zu ihnen findet, die beide miteinander verbindet.

Well?

Die Predigerin oder der Prediger versucht, eine „Talk-Back“-Tradition im Publikum zu etablieren. Crawford nennt diese Tradition „teilnehmende Verkündigung“ (*participant proclamation*).

Well?

In dieser teilnehmenden Verkündigung, in der die Gemeinde während der Verkündigung auf das Gesagte antwortet, manifestiert sich das zentrale Anliegen des Protestantismus: das Priestertum aller Gläubigen.

Durch die Reaktionen der Gemeinde wird deutlich: *Die gesamte Kirche gestaltet die Predigt mit.* Die Verkündigerin oder der Verkündiger ist nicht getrennt von der Gemeinde zu verstehen. Die Predigt wird durch die Rückmeldungen in gewisser Weise von der gesamten Gruppe verkündet.

Diejenigen, die sich während der Predigt „zurücklehnen“, nehmen zwar ebenfalls an der Predigt teil, aber die Reaktion der Gemeinde in Form von Aussprüchen wie „Amen“, „Halleluja“ usw. helfen, sich besser zu fokussieren und der Predigt Ausdruck zu verleihen. Indem die Predigerin oder der Prediger Aussprüche refrainartig wiederholt und als Frage an die Gottesdienstbesucherinnen und -besucher richtet, werden sie angespornt, darauf zu reagieren.[117]

That’s all right!

In dieser Stufe bestätigt die Gemeinde, dass die Predigerin oder der Prediger die Verbindung zu ihnen gefunden hat. Im Laufe der Predigt sollte man vom analytisch-rationalen Teil der Predigt zum dichterisch-emotionalen Teil übergehen.[118] Dafür eignet sich diese Phase.

That’s all right!

An eine Predigt sollte man nicht rein rational und kontrolliert herangehen. Indem die Menschen durch den „Sound" in die Wahrheit geführt werden, wird die Predigt überzeugender und die Verbindung zur Gemeinde intensiver.[119]

Amen!

Amen!

Die Predigerin oder der Prediger verkündet die biblische Botschaft und verändert dabei die Tonlage. Intensität, Dynamik und Stimmfarbe variieren. Es ist wichtig, auf die Erwartungen und Bedürfnisse der Gemeinde zu achten und die Tonlage darauf abzustimmen.

In der Black Community muss sich die Tonlage auf mindestens drei Merkmale einstellen: 1. Den feierlichen und erfahrbaren Aspekt des Glaubens. 2. Das Verständnis, dass Predigen ein gemeinsamer Akt ist. 3. Die Ausprägung eines schwarzen Bewusstseins aufgrund von Unterdrückung und Rassismus bis in die Gegenwart hinein.

Dementsprechend ist die Tonlage von zentraler Bedeutung für den Vortrag. Die vollständige Gemeinschaft klagt, betet und feiert gemeinsam in der Predigt. So wird die Verkündigung erlebt und erfahren. Die Steigung und Senkung der Stimme ist ein wesentliches Element der „homiletischen Musikalität".

Glory Halleluja!

Glory Halleluja!

Diese Phase ist der Höhepunkt der Predigt. Die Kirche bringt die Freude darüber zum Ausdruck, mit ganzem Herzen zu spüren, dass der Geist Gottes durch die Predigerin oder den Prediger und sie selbst gewirkt hat. Der Geist hat die Gemeinde in die freudige, erlösende Gegenwart Gottes gebracht, die in diesem Augenblick gefeiert wird.

Für dieses Modell braucht es eine Gemeinde, die es gewohnt ist, sich mit in die Verkündigung hineinnehmen zu lassen, oder die zumindest bereit ist, sich darauf einzulassen. Und es braucht auch die Offenheit seitens der Rednerin oder des Redners, sich auf das Wechselspiel des Call-and-Response-Ansatzes einzulassen.

Anwendbar für Weiße?

Dieses Modell findet besonders im afroamerikanischen und pfingstlerischen Kontext großen Anklang. Trotzdem ist dieser Aufbau zusammen mit einem gewissen Predigtstil nicht nur auf diese Kirchen beschränkt. Diese sich bis zu einem Höhepunkt steigernde Predigtgliederung kann auch fruchtbar gemacht werden für einen weißen und nicht-pfingstlerischen Kontext.

In Deutschland gibt es in fast allen kirchlichen Liturgien Reaktionen der Gemeinde. In den Gottesdiensten der evangelischen und katholischen Kirche steht die Gemeinde auf, setzt sich hin, bekräftigt Gebete mit einem Amen, spricht ganze Gebete gemeinsam und vieles mehr. Trotzdem wird die Reaktion und Mentalität in Bezug auf die Predigt sicherlich nicht die Gleiche sein wie im afroamerikanischen Kontext.[120]

Henry H. Mitchell, der oft als „Vater des Black Preachings“ bezeichnet wird, erwähnt, dass die Gottesdienste unter Weißen und Schwarzen während der Erweckungszeit im 18. Jahrhundert sehr ähnlich waren. Weiße und Schwarze reagierten laut auf die Predigt. Er fragt sich, warum die hörbare Antwort aus protestantischen Gottesdiensten verschwunden ist.[121]

Er vermutet unter anderem, dass die Inhalte der Predigten über die Zeit zu komplex wurden. Protestantische Ausbildungsstätten haben seiner Meinung nach Gelehrte hervorgebracht statt Fachkräfte, die in der Lage sind, die Menschen zu erreichen. Predigten von Weißen wurden zu intellektuell und waren zu wenig an den alltäglichen Problemen interessiert.[122]

Es wäre sicherlich spannend, weiter danach zu fragen, wie die weiße Mittelschicht zu einer Reaktion zurückkehren könnte, die sich früher Weiße und Schwarze gleichermaßen geteilt haben.

Ein weiteres Modell zur Predigtgliederung möchte ich noch erwähnen.

Das evangeliumszentrierte Modell

In gewisser Weise ist das evangeliumszentrierte Modell kein eigenständiges Modell, sondern ergänzt die anderen Strukturen. Wo bei den anderen Modellen ein zusammenfassender, inspirierender oder ausrufender Schluss ist, lädt dieses Modell dazu ein, mit dem Evangelium zu enden. Dies wird in folgender Veranschaulichung deutlich:

PREDIGTKRAWATTE

1. Einleitung
2. Hauptteil
   Punkt 1
   ...
3. Schluss

COMMUNICATING-FOR-A-CHANGE

1. ME
2. WE
3. GOD
4. YOU
5. WE

LERNPSYCHOLOGIE

1. Motivation
2. Problemdarstellung
3. Irrtümliche Lösungsmöglichkeiten
4. Lösungsangebot
5. Lösungsverstärkung

CALL-AND-RESPONSE

1. Help 'em Lord!
2. Well?
3. That's all right!
4. Amen!
5. Glory Hallelujah!

Statt wie gewohnt am Schluss alles noch einmal zusammenzufassen, ein visionäres Bild vor Augen zu malen oder eine Lösung zu verstärken, soll nach diesem Ansatz die Predigt mit Jesus und dem Evangelium beendet werden. Deshalb knüpft dieses Modell jeweils an den letzten Teil eines Predigtmodells an. Das kann dazu führen, dass der letzte Punkt der anderen Predigtstrukturen abgeändert werden muss.

Einige Vertreter dieses Ansatzes plädieren dafür, dass in jeder Predigt *immer* Christus und das Evangelium gepredigt wird. Folgende zwei Gründe dafür werden besonders oft angeführt:

Grund 1: Indem wir jedes Mal Christus predigen, zeigen wir den Zusammenhang der gesamten Bibel auf.

Zusammenhang der Bibel

Wenn wir einen Roman in der Mitte aufschlagen und lesen, ohne zu wissen, was vorher oder nachher kommt, werden wir das Buch nicht verstehen. Ähnlich ist es mit biblischen Texten. Einzelne Texte müssen in die große Geschichte Gottes eingebunden werden.

Jesus bildet das Zentrum dieser Geschichte. Besonders die Begegnung zwischen Jesus und den Emmaus-Jüngern veranschaulicht gut, wie die hebräischen Schriften auf Jesus hin verstanden werden können.[123]

Grund 2: Unsere Predigten entwickeln sich ansonsten zu moralistischen „Sei-wie"- oder „Sei-gut"-Predigten.

Moralistische „Sei-gut"-Predigten

Der amerikanische Homiletiklehrer Bryan Chapell macht auf die Problematik der „Sei-Predigten" aufmerksam. Predigerinnen und Prediger, die nicht christuszentriert verkündigen, werden zwangsläufig menschenzentriert reden. In der Folge konzentriert man sich fast ausschließlich auf die Steigerung der menschlichen Leistung und Kompetenz.

Beispiele wie „Fünf Schritte zu einer besseren Ehe" oder „Wie du Gott dazu bringst, dein Gebet zu erhören" können dazu führen, dass es lediglich um den persönlichen Fortschritt geht. Trotzdem unterstreicht er, dass die Predigten auch zum Tun und Handeln auffordern sollen. Diese Aufforderungen sollten aber als eine Antwort auf Gottes Gnade verstanden werden und nicht als Versuch, sich etwas zu verdienen oder zu bewahren.[124]

Die zentrale Frage ist: „Geht es darum, was ich tun muss, oder darum, was er getan hat?"[125]

Trotzdem: Zwinge dem Predigttext nicht deine Struktur auf!

Auch wenn mir jetzt vielleicht viele Homiletikdozentinnen und -dozenten widersprechen werden: Vorgegebene Strukturierungen wirken oft künstlich. Die gerade besprochenen Strukturen sind hilfreich und dienen zur ersten Orientierung. Allerdings haben sie auch ihre Grenzen. Wir dürfen dem Predigttext nicht unsere Struktur aufzwingen.

Der Bibeltext

Zum einen haben vorgegebene Strukturen ihre Grenzen aufgrund des Bibeltextes. Vorgegebene Strukturen werden dem Text nicht gerecht. Sie können dazu führen, dass wir den biblischen Text in ein Korsett pressen und ihm dadurch die Dynamik rauben. Stattdessen sollten wir auf den Text schauen. Er selbst gibt seine Gliederung und Struktur vor. Diesen Inhalt sollen wir durch die Predigt freisetzen.

Die Predigerinnen und Prediger

Zum anderen haben vorgegebene Strukturen ihre Grenzen, weil selbst die besten Predigerinnen und Prediger sich nicht an diese Strukturen halten.

Als ich einmal ein Homiletikseminar für ehrenamtliche Mitarbeiterinnen und Mitarbeiter hielt, schauten wir uns an, wie der Pastor Andy Stanley sein Communicating-for-a-Change-Modell in die Praxis umsetzt. Nach der Predigt sprachen wir über unsere Beobachtungen. Einstimmig kamen wir zum Fazit:

Stanley geht mit seinem Modell sehr flexibel um.

Wenn man bei seinen Predigten genauer hinhört, merkt man recht schnell, dass auch er nicht jede Woche mit einem neuen visionären Bild endet. Zusätzlich beginnt er manchmal mit einem „Kaltstart" und liest direkt zu Beginn den Predigttext vor, statt die Hörerinnen und Hörer erst auf den Text vorzubereiten. Stanley ist nicht allein damit. Viele bekannte Predigerinnen und Prediger wenden die Predigtstrukturen dynamisch an.

Also: Wenn du am Anfang deiner Predigtpraxis stehst, dann wähle ein Modell aus und orientiere dich an diesem. Wenn du aber über die Zeit mehr Erfahrung gesammelt hast, dann entwickle deine eigene Methodik, wie du deine Predigten strukturierst.

Finde deine Stimme inmitten der Landkarte von Predigtstrukturen!

TAKE-AWAYS FÜR DIE PREDIGT

- Achte auf eine saubere Struktur in deiner Predigt. Eine gute Struktur ist Gold wert! So können dir die Hörerinnen und Hörer besser folgen.
- Es gibt mehr als eine Möglichkeit, eine Predigt zu strukturieren. Je nach Text und Idee kannst du auch zwischen den Strukturen variieren.
- Die Einleitung hat bei vielen Strukturen das Ziel, die Menschen in ihrer Lebenswelt mit dem biblischen Text zu verknüpfen. Wenn wir es nicht schaffen, eine gewisse Spannung zu kreieren, kann es sein, dass wir das Publikum schon beim Start verlieren.
- Die Aufgabe von Strukturen ist es, Spannung zu erzeugen und zu steigern. Reflektiere in deiner Vorbereitung ständig, wie du diese Spannung aufrechterhalten kannst.
- Vergiss nicht: Jede vorgegebene Struktur hat ihre Grenze! Lass den Text selbst sprechen und zwinge ihn nicht in ein Korsett.

TIEFER GRABEN

1. Verschiedene Predigtstrukturen

Welche Predigtstruktur herrscht in deiner Kirche vor? Mit welchem Konzept wurde in den letzten Gottesdiensten (am Sonntag oder auch unter der Woche in der Jugendstunde) gepredigt? Würde es Sinn machen, mal etwas Abwechslung in die Predigten zu bringen, indem Inhalte anders strukturiert werden?

Deine Einschätzung:

TIEFER GRABEN

2. Evangeliumszentriert predigen

Bevor wir das Evangelium predigen, müssen wir das Evangelium erst einmal definieren und verstehen. Was verstehst du unter dem Evangelium? Setzt du bei den neutestamentlichen Briefen oder den Evangelien an? Welche Rolle spielen Leben Jesu, Reich Gottes, Kreuz und Auferstehung bei deinem Verständnis?

Dein Verständnis des Evangeliums:

Einige Homiletiker betonen, dass Jesus und das Evangelium *immer* gepredigt werden müssen. Auch meinen viele, dass „Sei-Predigten" keinen Platz auf der Kanzel haben. Stimmst du diesen beiden Aussagen zu?

Deine Einschätzung:

EINE SACHE, DIE DIR BESONDERS WICHTIG GEWORDEN IST

NOTIZEN

7 | DIE PREDIGT AUF DEM PRÜFSTAND

Der Titel-Test

In diesem ersten Test schauen wir uns zwei Aspekte an, die mit der Formulierung eines griffigen Themas zu tun haben.

Der Körper-Test

Im zweiten Test geht es um unseren Körper. Worauf müssen wir achten, wenn wir uns auf der Bühne bewegen?

Der Kopf-Test

Der dritte Test dreht sich um Kopf und Verstand. Wie können wir eine sachlich fundierte Predigt halten?

Der Herz-Test

Im vierten Test geht es um unser Herz. Was sind die emotionalen Elemente der Predigt?

Der Größe-Test

Der letzte Test ist der relevanteste. Wird in unserer Predigt die Größe Gottes dargestellt?

DIE PREDIGT AUF DEM PRÜFSTAND

Beurteilungskriterien

Ich studiere gegenwärtig die Fächer Geschichte und Evangelische Theologie auf Lehramt an einer Universität. Wenn ich eine Hausarbeit schreibe, laden die meisten Dozentinnen und Dozenten einen Beurteilungsbogen hoch.

In diesem Bogen werden die Kriterien offengelegt, nach denen die Hausarbeit bewertet wird. Es geht um Kriterien wie Relevanz, Selbstständigkeit, Korrekte Darstellung, Strukturierung und vieles mehr.

Wir wollen uns nun ebenfalls mit einigen Kriterien zur Beurteilung von Predigten auseinandersetzen. Die Predigt wird auf den Prüfstand gestellt.

„Predigttests"

Diese Kriterien werden hier „Tests" genannt. Hinter diesen Tests stehen wichtige Merkmale, die für eine gewinnende Predigt von grundlegender Bedeutung sind. Natürlich gibt es noch viel mehr Tests. Ich könnte hier auch viele Inhalte aus den vorherigen Kapiteln aufnehmen. Es geht mir also nicht um eine vollständige Liste. Das Ziel ist vielmehr, ein besseres Gespür für eine gute Predigt zu entwickeln.

Welchen Tests können wir die Predigt unterziehen?

Der Titel-Test

Das Erste, worauf wir achten sollten, ist die Benennung des Themas. Ein Titel leistet viel mehr als nur eine Überschrift zu sein. Er erzeugt Spannung.

Kreativität

Martin Nicol und Alexander Deeg schreiben: „Im homiletischen Atelier beflügelt die Titelarbeit die Kreativität der Predigtmacherinnen und Predigtmacher."[126] Ein konkretes Thema als Predigtüberschrift zu formulieren ist also mehr als nur ein paar passende Worte zu finden.

Ein guter Titel inspiriert uns.

Ein guter Titel löst Assoziationen in uns aus.

Ein guter Titel belebt eine Predigt.

Worauf sollte man achten, wenn man am Titel arbeitet?

Sprich in der Predigt nur über das, was zum Titelthema passt.

Nur über Titelthema sprechen

Wir sollten sehr genau darauf achten, wie wir unser Thema nennen. Eine Dozentin sagte vor ein paar Jahren zu mir: „Herr Wiebe, schmeißen sie alles aus Ihrer Hausarbeit raus, was nicht zu Ihrem Thema passt." Warum sollten wir nur über das sprechen, was zu dem Titelthema passt? Lass es mich einmal negativ und einmal positiv formulieren.

Negativ ausgedrückt: Die Predigt ist keine Vorlesung. Anders als in einer Vorlesung verfassen nur die wenigsten während der Predigt eine Mitschrift. Wer schon mal in einer Vorlesung saß, weiß, dass es nicht ausreicht, nur zuzuhören. Bei einem 1½-stündigen Frontalvortrag müssen die wichtigsten Gedanken mitgeschrieben werden (... und die „wichtigsten" Gedanken sind meistens fast alle Gedanken). Ansonsten erlebst du eine böse Überraschung beim Abschlusstest.

In der Predigt verhält es sich anders. Hier schreiben erfahrungsgemäß nur wenige mit. Dementsprechend können sich die Zuhörinnen und Zuhörer nicht viele Themen merken. Die Predigt ist keine Vorlesung. Deine Predigt wird am Montag wieder vergessen sein.

Positiv ausgedrückt: Ein Hauptgedanke prägt sich besser ein als viele Nebengedanken. Je mehr thematische Nebenschauplätze du in der Predigt eröffnest, umso weniger Inhalt werden sich die Leute merken.

Wir Menschen sind so gestrickt, dass wir uns nicht viele einzelne Gedanken einprägen können. Vielleicht gehörst du zu einer hyperintelligenten Sorte, die extra viel Inhalt aufnehmen kann. Ich bezweifle aber stark, dass die breite Masse dies kann. Wir predigen im Normalfall nicht für ein hochintellektuelles Publikum, sondern für Normalverbraucherinnen und -verbraucher.

„Lieber einen tüchtigen Nagel fest einschlagen, als ein paar Dutzend Reißnägelchen lose hineinstecken, dass man sie in der nächsten Stunde wieder herausziehen kann", schreibt Spurgeon.[127] Und er hat recht, oder?

Wir müssen uns auf einen Titel festlegen und nur über diesen sprechen, damit sich unsere Predigt in den Köpfen der Menschen einprägt.

Überarbeite deinen Titel mit KREAM.

KREAM KREAM ist ein Akronym und kann dir dabei helfen, dein Thema inspirierend zu benennen.

KREAM steht für ...

K – Kürze. Ein Titel sollte kurz und knapp sein. Im Optimalfall sollte er nicht mehr als acht Wörter haben. Je mehr Wörter wir für die Überschrift verwenden, desto weniger werden die Leute sie sich merken. Falls du auch einen Untertitel haben möchtest, kann dieser gerne länger sein. Der Haupttitel sollte aber kurz sein.

R – Rhythmus. Um sich Inhalte einzuprägen, ist es hilfreich, wenn etwas rhythmisch klingt. Nicht umsonst ist es einfacher, ein Lied oder Gedicht auswendig zu lernen als eine Kurzgeschichte. Der Titel einer Predigt hieß „Not in it to win it!". In dieser Predigt ging es um den Machtkampf zwischen der republikanischen und demokratischen Partei in Amerika. Bis heute kann ich mich an den Titel und damit auch an Teile der Predigt erinnern.

E – Empörung. Ein Titel lädt dann zum Zuhören ein, wenn er provokant formuliert ist. Zwar ist es schwierig, wenn wir polemisch predigen, aber eine gesunde Provokation erzeugt Interesse am Thema. Eine Predigt, die ich in der Reihe „Ist Gott ein moralisches Monster?" hielt, hieß „Gott – ein frauenfeindlicher Sexist?". Sowohl die Predigtreihe als auch das einzelne Thema regte viele an, genauer hinzuhören.

A – Alliteration. Eine Alliteration kann ein wirkungsvolles Werkzeug sein, um die Predigt unvergesslich zu machen. Der Neutestamentler Michael Gorman schrieb ein Buch mit dem Titel „Reading Revelation Responsibly“. Auch wenn ich das Buch vor mehreren Jahren gelesen habe, erinnere ich mich bis heute an diesen Titel.

M – Metapher. Metaphern regen unsere Vorstellungskraft an. Die Bibel ist voll von Metaphern. Gott ist Vater und Mutter. Jesus ist der wahre Weinstock. Der Heilige Geist ist eine Taube.

Darüber hinaus gibt es noch viele weitere Möglichkeiten, wie ein Titel attraktiv gestaltet werden kann. Rhetorische Stilmittel eignen sich besonders gut dafür. Ich hoffe, es wird deutlich: Ein guter Titel beflügelt die Kreativität der Predigerinnen und Prediger ebenso wie die der Gemeinde.

Der Körper-Test

Das Zweite, worauf wir achten sollten, ist unser Körper. Sobald wir auf ihn achten, merken wir, dass er Bände spricht.

Unser Körper strahlt Sicherheit oder Unsicherheit aus.

Er ist ein wichtiges Werkzeug für unsere Verkündigung. Mit unserer Körperhaltung, Mimik und Gestik unterstreichen wir das Gesagte. Oder genau umgekehrt: Wir zeigen, dass wir eigentlich nicht überzeugt sind von dem, was wir sagen.

Ich erinnere mich an einen Prediger, der auf einer Hochzeit sagte: „Heute ist so ein freudiger Tag. Schaut euch das fröhliche Brautpaar an. Es ist ein Genuss, euch anzusehen.“ Allerdings lächelten weder das Brautpaar noch der Prediger. Die gesamte Körperhaltung des Predigers sagte etwas ganz anderes.

Meine ersten Gedanken waren: „Wem machst du hier was vor? Du kannst so viel über Freude reden, wie du willst, aber wenn weder du noch das Paar freudig aussehen, kauf ich dir kein Wort ab.“

Unser Auftreten als Predigerin oder Prediger wirkt sich auf die Hörerinnen und Hörer aus. Entweder werden sie offen oder sie verschließen sich.

Unser Auftreten hat eine Auswirkung auf die Verkündigung. Wir sollten den ersten Eindruck, die Körperhaltung und das Erscheinungsbild reflektieren.[128] Lass uns die einzelnen Punkte genauer betrachten.

Der erste Eindruck

Erster Eindruck

Schon der erste Eindruck entscheidet darüber, ob wir eine Person sympathisch, vertrauenswürdig und kompetent finden oder nicht. Bei aller Mühe, keine Vorurteile zu hegen, passiert es trotzdem immer wieder.

Wenn jemand mit zerknittertem Hemd nach vorne geht und etwas vor sich hinstammelt, denken viele: „O, die oder der ist nicht gut vorbereitet."

Wenn sich jemand mit müdem Gesicht und gekrümmten Oberkörper zur Kanzel schleppt, denken viele: „Laaangweilig! Die Predigt hat keinen Grip."

Schon das Betreten der Bühne oder Kanzel hat eine Auswirkung auf die Gemeinde. Der erste Eindruck bildet eine wichtige Grundlage. Worauf sollte man bei der Körperhaltung und Kleidung achten?

Die Körperhaltung

Körperhaltung

Es gibt kein Patentrezept für die richtige Körperhaltung. Das liegt daran, dass jeder Vortrag nach einiger Zeit recht langweilig werden würde, wenn wir durchgängig die gleichen Bewegungen machen würden. Der wichtigste Grundsatz lautet:

Bewege dich, wie du willst und dich wohlfühlst!

Trotzdem sollten wir einige Punkte beim Thema Körperhaltung beachten, die uns dabei helfen können, unser Thema besser zu kommunizieren. Der Körpersprachen-Experte Stefan Verra stellt heraus, dass für die Kommunikation Augen, Mund und Hände am entscheidendsten sind.[129]

Augen.

Die Augen haben eine zentrale Aufgabe beim Sprechen. Wenn uns etwas unangenehm erscheint, verschließen wir die Augen oder schauen weg. Bei Predigten zeigt sich das daran, dass die Predigerin oder der Prediger ständig in die eigenen Notizen oder über die Köpfe hinwegschaut. So vermittelt man, dass es einem unangenehm ist, vor so vielen Menschen zu stehen.

Das Gegenteil ist der Fall, wenn wir etwas oder jemanden interessant finden. Das Verliebtsein ist ein gutes Beispiel. Verliebte können sich nicht häufig genug anschauen und verlieren sich in ihren Blicken. Wenn wir einen Raum betreten, in der die oder der Geliebte anwesend ist, wandert unser Blick als Erstes zu dieser Person.

Für die Predigt bedeutet das: Du kannst nicht oft genug in die Gesichter der Menschen schauen. Ohne Augenkontakt ist es schwierig, gut zu kommunizieren.

Der Rhetoriker Harry Holzheu erkennt drei Stufen der rhetorischen Steigerung in der Kommunikation:

Steigerung 1: Du kannst über ein Thema sprechen.

Steigerung 2: Du kannst zu den Leuten sprechen.

Steigerung 3: Du kannst mit den Leuten sprechen.

Indem du im ständigen Augenkontakt mit den Hörerinnen und Hörern bist, sprichst du mit ihnen.[130] Du vermittelst Sympathie, inhaltliche Sicherheit und Zuneigung, besonders dann, wenn du gleich zu Beginn und während des Predigens mit offenen Augenbrauen und einem Lächeln in die Menge schaust.

Mund.

Der Mund hat ebenfalls eine wichtige Funktion in der Verkündigung. Besonders dann, wenn du lächelst. Ein Lächeln sorgt dafür, dass sich Menschen in deiner Umgebung wohlfühlen.

Der Redenschreiber Simon Lancaster trifft es auf den Punkt: „Es ist schwer, einen lächelnden Menschen anzusehen und nicht zurückzulächeln."[131]

Einen Ratschlag, den ich für die Predigt bekommen habe, fand ich Gold wert. Der Tipp lautete: Bevor du die Predigt beginnst, lächle zuerst die Menschen an. Indem du die Menschen anlächelst, wird der Bereich der Emotionen in unserem Gehirn aktiviert.

Hände.

Die Hände und Arme haben eine besondere Wirkung auf das Publikum. Oft wissen wir nicht so recht, was wir mit unseren Händen machen sollen.

Das Beste, was du tun kannst, ist, deine Hände immer zu zeigen. Wenn Menschen ihre Hände unter dem Tisch oder hinter dem Rücken verstecken, bekommen wir den Eindruck, dass sie uns etwas vorenthalten oder verschlossen sind. Personen, deren Hände wir ständig sehen, wirken offener und aufgeschlossener. Versteckte Hände erzeugen Misstrauen.[132]

Im Optimalfall breitest du deine Arme immer wieder aus. Das wirkt einladend, weil es dich schutzlos und ungefährlich macht. Achte darauf, dass du den Hörerinnen und Hörern nicht die Außenfläche deiner Hand entgegenhältst. Das wirkt verschlossen und distanziert. Stattdessen wirkt es zuvorkommend, wenn du das Innere deiner Hand zeigst.

Vermeide es, mit verschiedenen Gegenständen oder den Fingern herumzuspielen. Wenn wir einen Kugelschreiber in der Hand halten, kommt es nicht selten vor, dass wir ständig die Mine raus- und reindrücken und dadurch ein ständiges Klickgeräusch erzeugen. Wenn keine Gegenstände parat sind, beginnen einige ihre Hände zu „kneten". Diese Geste wirkt auf die Hörerinnen und Hörer oft unruhig und offenbart über die sprechende Person, dass sie nervös ist.

Das Erscheinungsbild

Erscheinungsbild

Zu guter Letzt die Kleidung. Auch sie ist ein wichtiger Bestandteil der Gesamtwirkung, die wir mit unserem Auftreten erzielen. Warum ist sie wichtig?

Zum einen liegt es daran, dass Menschen Schönheit lieben. Wir genießen es, wenn Farben harmonieren, wenn die Kleidung zum Körper und der Persönlichkeit passt und wenn sie nach unserem persönlichen Geschmack elegant aussieht.

Zum anderen lenkt unpassende Kleidung vom Thema. Du kannst den besten Vortrag halten, aber wenn dein Hosenstall die ganze Zeit offen war, wird sich keiner mehr an das Gesagte erinnern.

Wir müssen die Kleidung vor der Predigt zur Hauptsache machen, damit sie während der Predigt Nebensache bleibt.

In erster Linie ist entscheidend, dass du das trägst, worin du dich wohlfühlst. Trotzdem gibt es einige Punkte, die du beachten solltest. Drei Fragen solltest du dir stellen, bevor du predigst.

1. Gibt es eine Kleiderordnung?

Wirf einen Blick auf die Kleidung der Zuhörerinnen und Zuhörer und du weißt, welchen Kleidungsstil du tragen kannst und welchen nicht. Die Predigerin Mary Hulst gibt den Tipp: Kleide dich eine Stufe höher als dein Publikum.

Kommen sie in Shorts, trage eine Hose.

Kommen sie in Jeans, trage Chinos.

Kommen sie in Chinos, trage einen Rock oder eine Anzugjacke.[133]

Wenn du in einer Kirche predigst, die du nicht kennst, solltest du vorher nachfragen, welcher Kleidungsstil für Predigerinnen und Prediger bevorzugt wird. In manchen Kirchen hat noch nie eine Person ohne Anzug gepredigt, in anderen wäre es mehr als befremdlich, im Anzug zu predigen.

2. Sprichst du mit einem Headset?

Bei einem Headset solltest du lange Ohrringe vermeiden. Sie verursachen ein lautes Klirren. Wenn du einen Bart hast, dann solltest du beim Soundcheck etwas länger in das Mikro reden, um zu hören, ob der Bart Kratzgeräusche verursacht. Ein Gürtel ist optimal beim Tragen eines Headsets. Ein Kleid ohne Gürtel hingegen ist problematisch. Der Sender des Headsets kann an keiner passenden Stelle befestigt werden. Du musst also vier Dinge beachten: Ohrringe, Bart, Gürtel und Kleider.

3. Worauf solltest du sonst noch achten?

Leere deine Taschen, bevor du auf die Bühne gehst. Dein Smartphone, deine Schlüssel und dein Portemonnaie brauchst du nicht auf der Bühne. Niemand wird dich während der Predigt fragen, ob du die WhatsApp-Nachricht schon gelesen hast, dein Auto umparken kannst oder wie dein Bild auf dem Personalausweis aussieht.

Wenn dein Pony dir ständig ins Gesicht fällt, hilft eine Spange. Wenn die langen Haare ständig zur Seite gestrichen werden müssen, kann dies nach einiger Zeit störend wirken, weil die Bewegung zu oft wiederholt wird.

Mit wenigen Ausnahmen ist schwarze Kleidung für die Verkündigung sehr förderlich. Im Zweifelsfall kannst du immer schwarz tragen. So lenken keine knalligen Farben ab. Die Menschen konzentrieren sich auf das Gesagte. Schweißflecken bleiben unsichtbar.

Wenn Kleidungsstücke zu eng oder offenbarend sind, lenken sie vom Thema ab. Wenn du gerne Skinny Jeans, Leggins oder ein Muskelshirt trägst, solltest du das auf jeden Fall tun. Aber nicht während der Predigt. Es sind tolle Kleidungsstücke für die Freizeit. Ich freue mich auch für dich, wenn du schöne lange Beine hast. Aber wenn du gerade über das Heiligkeitsgesetz aus Levitikus predigst und einen kurzen Rock trägst, wirkt das sehr unpassend.

Der Kopf-Test

Der dritte Test, dem wir unsere Predigt unterziehen sollten, ist der Kopf-Test. Damit meine ich die sachliche Seite der Predigt. Wir brauchen ausreichend Kopf-Elemente in der Predigt.

Warum sind Kopf-Elemente in der Predigt so wichtig?

Um Menschen zu überzeugen, sollte der Inhalt der Predigt nachvollziehbar aufbereitet sein. Ich bin der festen Überzeugung: Gott hat uns einen Verstand gegeben. Wir sollten unseren Verstand nicht ausschalten, wenn wir predigen.

Außerdem gibt es einen gewissen Anteil an Menschen im Publikum, die besonders analytisch und sachlich orientiert sind. Wenn du zu wenig Kopf-Elemente bietest, wirst du sie verlieren. Um zu überzeugen, brauchst du eine sachliche Auseinandersetzung mit dem Thema und eine gute Argumentationsstruktur.

Welche Kopf-Elemente gibt es, die den Verstand erreichen?[134]

Kopf-Element 1: Eine interessante Exegese

Exegese

Die Betonung liegt auf dem Wort „interessant". Zu oft wird bei Brieftexten des Neuen Testaments jedes Wort genauestens unter die Lupe genommen.

Das ist nicht interessant.

Das ist langweilig.

Okay. Vielleicht ist das etwas zu hart. Für die Bibelwissenschaft ist das wichtig (und ich liebe die Bibelwissenschaft!). Aber für die Predigt, die sich meistens im Rahmen von 10-30 Minuten bewegt, muss genau abgewogen werden, was an exegetischer Erkenntnis aufgenommen werden soll und was außen vor gelassen werden kann.

Wenn wir beginnen, den kulturellen Hintergrund der Texte zu betrachten, werden biblische Texte oft in ein neues Licht gestellt. Das Akronym POZ zeigt, worauf wir uns bei der Exegese konzentrieren können.

P steht für Personen. Was bedeuten die Namen der im Text erwähnten Personen? Wie werden sie in den verschiedenen Texten charakterisiert?

O steht für Orte. Welche Orte haben in der Bibel eine theologische Bedeutung? Welche Symbolkraft hat beispielsweise die Stadt Babylon?

Z steht für Zeit. In welcher Zeit befinden wir uns mit dem biblischen Text? Im 1. Jahrhundert nach Christus oder im 14. Jahrhundert vor Christus? Welche kulturellen Bräuche herrschten damals vor, die den Text in ein neues Licht stellen?[135]

Kopf-Element 2: Dogmatische Zusammenhänge

Dogmatik

Es ist ein Fehler zu denken, dass Leute nicht an dogmatischen Zusammenhängen interessiert sind. Sie sind nur dann nicht interessiert, wenn wir sie langweilig präsentieren. Aber ein spannendes Thema über dogmatische Streitigkeiten kann Christinnen und Christen in ihrem Glaubensleben voranbringen.

Wenn du dogmatische Themen spannend vorbereitest, kleben dir die Leute an den Lippen. Warum gibt es keinen einzigen Bibeltext, der explizit von der Dreieinigkeit Gottes spricht? Steht die Trinität nicht in der Bibel? Welche Konsequenzen ergeben sich für Gottes Wesen daraus, dass Gott von Beginn an trinitarisch war?

Was bedeutet Erlösung eigentlich? Ist sie auf das Seelenheil beschränkt oder muss sie umfassender verstanden werden?

Was verstehen die biblischen Texte unter dem Begriff „Endzeit"? Hat sie schon begonnen oder noch nicht? Welchen Stellenwert bekommt das Reich Gottes bei diesem Thema?

Diese und viele weitere Themen können unglaublich interessant sein, wenn wir sie gut vorbereiten und spannend predigen.[136]

Kopf-Element 3: (Kirchen-)Geschichte

Kirchengeschichte

Auch ein Blick in die Geschichte kann ein neues Licht auf Themen werfen. Wenn wir frühe Kirchenväter lesen, merken wir, wie spannungsreich und vielfältig Glaube ausgelegt und gedacht werden kann. Solche Einsichten kannst du in einer Predigt einbringen.

Eine Spannung kannst du erzeugen, indem du z. B. Extrempositionen aus der Vergangenheit benennst. Beispielsweise finden es heute ziemlich viele befremdlich, dass Franz von Assisi den Blumen das Evangelium erzählte und sie zum Lob Gottes aufforderte.

In einer Schöpfungspredigt kann das Schöpfungsverständnis in der Kirchengeschichte interessante Einblicke und Veranschaulichungen liefern. Indem du solche Informationen in der Predigt verarbeitest, steigerst du das Interesse.

Aber bitte sei mit Urteilen über die Vergangenheit vorsichtig. Die Leute damals waren nicht dümmer als wir heute. Wir sind auch Kinder unserer Zeit und haben sicherlich komische Ansichten, über die man in Zukunft nur noch schmunzeln wird.[137]

Kopf-Element 4: Argumente

Argumente

Manche Predigerinnen und Prediger verhalten sich so, als bräuchten sie keine Argumente für ihre Meinung. Es steht doch so klar in der Bibel. Im Englischen gibt es das Sprichwort: „God said it, I believe it, that settles it.“ (Gott sagt es, ich glaube es, Sache erledigt.) Aber spätestens, wenn wir in einer größeren Gemeinschaft zusammen über die Bibel diskutieren, merken wir, wie vielfältig derselbe Text wahrgenommen und interpretiert werden kann.

Eine gute Argumentation für eine bestimmte Interpretation des Textes sollte daher ein wichtiges Element der Predigt sein. Besonders wenn es um eine Interpretationsweise geht, die vielen fremd oder neu ist.

Stelle das Publikum nicht immer vor vollendete Tatsachen, sondern beziehe es in den Prozess mit ein. Achte dabei auf den Aufbau der Argumentationskette. Warum? Die Anordnung der Argumente entscheidet in vielen Situationen über die Überzeugungskraft.

Zu Beginn der Argumentation solltest du mit dem zweitstärksten Argument beginnen, damit die Hörerinnen und Hörer erst einmal grundsätzlich zustimmen. Versuche aber zu vermeiden, mit dem schwächsten Argument zu beginnen. Es könnte die Leute in die Richtung einstimmen: „Na ja, wenn es so schwach startet, werden die nächsten Punkte auch nicht überzeugen." Wichtig ist, dass das schwerwiegendste Argument zum Schluss kommt. Das liegt an unserem Gedächtnis. Am deutlichsten erinnern wir uns oft an den letzten Punkt.[138]

Wichtig sind also besonders Anfang und Schluss. Die weiteren Argumente können so angeordnet werden, wie du es selbst als richtig empfindest. Sie sind nicht erfolgsentscheidend.

Es ist aber nicht nur die nachvollziehbare Argumentation, die eine Predigt so interessant macht. Es ist auch die emotionale Seite des Vortrags.

Der Herz-Test

Das Vierte, worauf wir achten sollten, ist der Herz-Test. Mit dem Herz-Test meine ich die emotionale Seite der Predigt. So wie wir Kopf-Elemente brauchen, benötigen wir auch Herz-Elemente.[139]

Aber sollte eine Rede überhaupt mit Emotionen versehen werden?

Ja! Mit Blick auf die klassische Rhetorik könnte man sagen, dass eine Rede nicht nur informieren (docere) und unterhalten (delectare) sollte, sondern auch bewegen (movere). Um Menschen aber zu bewegen, reicht es nicht aus, sie nur auf der kognitiven Ebene anzusprechen. Die Predigt sollte also auch auf das Herz zielen.

Eine Predigt mit Emotionen darf aber nicht mit einer „Gefühlsduselei“ gleichgesetzt werden. Wenn sich jemand in einer Predigt den eigenen Gefühlen ganz hingibt, kann sie oder er schnell die Kontrolle über sich selbst verlieren. Dann spricht man aus einer Verletzung oder Trauer heraus, ohne die Worte weise auszuwählen. Dadurch kann einiges an Schaden angerichtet werden.

Oder jemand verspricht aus ihrer oder seiner Euphorie heraus etwas, was in der Praxis nicht haltbar ist. Das meine ich nicht mit einer gefühlsbetonten Predigt. In einer gefühlsbetonten Predigt geht es darum, Inhalte und Emotionen so weiterzugeben, dass das Publikum Emotionen empfindet, die sich mit dem Gesagten decken.

Es geht nicht um Überwältigung. Es geht um Nachempfinden der Gefühle.

Gefühle können aber nur von den Hörerinnen und Hörern nachempfunden werden, wenn sie im Vortrag vorhanden sind.

Wer begeistern möchte, muss selbst begeistert sein.

Wer Leidenschaft wecken möchte, muss selbst ergriffen sein.

Wer Freude erregen möchte, muss selbst freudig sein.

Prägnant spitzt es der katholische Professor Johann Pock zu: „Unter den vielen Emotionen, die das Leben bestimmen, ist die Freude hinsichtlich der Verkündigung des Evangeliums zentral – und wo sie fehlt oder nicht spürbar wird, hat es auch die ‚frohe Botschaft‘ nicht leicht.“[140]

Welche Herz-Elemente gibt es, die die Gefühlswelt erreichen?[141]

Herz-Element 1: Bilder

Bilder

Was ist das Erste, was du dir ansiehst, wenn du in die Zeitung schaust? Die Bilder. Erst nachdem wir die Bilder betrachtet haben, lesen wir die Artikel. Nicht umsonst gebraucht Jesus so viele Bilder.

Hirten.

Schafe.

Bäume.

Lilien.

Wenn wir Bilder aus unserem Alltag aufgreifen und diese mit dem Inhalt verknüpfen, bleiben sie in unserem Gedächtnis. Wenn wir ein Bild von der Zukunft malen, kann dies Hoffnung oder auch Schrecken verbreiten. Oft sind es die Bilder, die uns hängen bleiben. Sie machen etwas mit unser Gefühlswelt.

Herz-Element 2: Erzählungen

Erzählungen

Wir Menschen lieben Erzählungen. Erzählt jemand in einer geselligen Runde eine Geschichte, hat sie oder er schnell die Aufmerksamkeit. Erzählungen lockern die Atmosphäre auf, erzeugen Spannung und erreichen ebenfalls unsere Gefühlswelt.

Es gibt verschiedene Arten von Erzählungen.

Biblische Geschichten können helfen, die Predigt spannender zu gestalten, und sie prägen sich besser ein. Nicht umsonst besteht der Großteil der Bibel nicht aus Lehrtexten, sondern aus Geschichten. Paulus würde sich im Grab umdrehen, wenn er wüsste, dass wir uns in unserem Predigtstil an seinen Briefen orientieren. Wir sollten lieber auf Jesu Predigtstil schauen.

Selbst erlebte Geschichten bringen eine persönliche Note in die Predigt. Ich habe von einem Prediger gehört, der nur deshalb beim Bungee-Jumping war, um dieses Erlebnis in seiner Predigt als Illustration zu erzählen.

Auch fiktive Geschichten können eine kreative Art der Verkündigung sein. Abstrakte Gedanken können in eine erfundene Geschichte eingebunden und dadurch lebensnaher werden.

Herz-Element 3: Wiederholungen mit Neuigkeitswert

Wiederholungen

Wiederholungen können in uns eine starke emotionale Reaktion auslösen. Nicht umsonst haben bekannte Redner wie Barack Obama oder Martin Luther King gewisse Sätze ständig wiederholt. Bei Obama ist es sein bekannter Spruch: „Yes, we can!", und bei King war es: „I have a dream ..."

Jesus selbst hat auch mit Wiederholungen gearbeitet:

> „Glücklich sind die, die wissen, dass sie vor Gott arm sind.
> Denn ihnen gehört das Himmelreich.
> Glücklich sind die, die an der Not der Welt leiden.
> Denn sie werden getröstet werden.
> Glücklich sind die, die von Herzen freundlich sind.
> Denn sie werden die Erde als Erbe erhalten.
> Glücklich sind die, die ..."[142]

Jesus hätte auch alles in einem einzelnen Satz als Aufzählung sagen können. Glücklich sind die Armen, Leidenden und Freundlichen. Stattdessen entfaltet er die rhetorische Kraft der Wiederholung.

Ich persönlich stelle es mir so vor, dass Jesus mit jeder Wiederholung den Ton seiner Stimme steigerte. Ob das stimmt, weiß ich natürlich nicht. Aber das Stilmittel der Wiederholung eignet sich gut, um mit der Stimme zu spielen.

Der Größe-Test

Der fünfte Test für unsere Predigt ist der Größe-Test. Er hebt die Predigt von allen säkularen Reden ab und unterscheidet sich von allen anderen Tests, die die Predigt auf den Prüfstand stellen.

Alleinstellungsmerkmal

Was ist das Alleinstellungsmerkmal der religiösen Rede?

Was unterscheidet die christliche Predigt von einem TED-Talk?

Es ist die Rede von und über Gott.

Beim Größe-Test geht es um die Größe Gottes. Da alles von Gott und zu Gott hin geschaffen wurde, müssen wir uns fragen: Verkündige ich die Größe Gottes in der Predigt?

Im Kolosserbrief heißt es:

> „Denn durch seine Gegenwart wurde alles geschaffen,
> im Himmel und auf der Erde,
> das Sichtbare und das Unsichtbare –
> ob Throne oder Herrschaftsbereiche,
> ob Mächte und Gewalten.
> Alles wurde durch ihn geschaffen,
> und alles hat in ihm sein Ziel."[143]

Ziel

Sehr eindrücklich hat Karl Barth folgenden Dreisatz betont: „Wir sollen als Theologen von Gott reden. Wir sind aber Menschen und können als solche nicht von Gott reden. Wir sollen beides [...] wissen und eben damit Gott die Ehre reden."[144]

Auch wenn dieser Satz vor über 100 Jahren gesagt wurde, ist er heute immer noch aktuell. In dieser Spannung stehen wir. Wir sollen über Gott reden, aber können es nicht. Mit diesem Wissen im Hinterkopf sollen wir predigen und ihn ehren.

Predigen heißt also schlussendlich, Gott die Ehre zu geben.

Der entscheidende Punkt beim Predigen ist, dass wir Menschen mit Gott bekannt machen. Wir machen auf ihn aufmerksam und möchten ihm die Anerkennung geben, die ihm gebührt.

Das Ziel der Predigt ist es, den Menschen den Gott des Alten und Neuen Testaments vorzustellen, der seine Schöpfung liebt und sie mit sich versöhnen möchte.

Das „Ur-Eigentlichste" der Predigt

Was hat aber die christliche Predigt anderes anzubieten als die anderen Religionen? Andere Religionen predigen ja auch die Größe Gottes. Oder vielleicht noch genauer gefragt: Was ist das „Ur-Eigentlichste" des christlichen Glaubens?[145] Die Antwort liegt in einer Person.

Jesus von Nazareth.

„Nur dies Eine, diesen Einen, in immer wieder neuen, mich selbst überraschenden Variationen habe ich zu predigen“, schreibt der erfahrene Theologe Axel Denecke.[146]

Damit benennt er nicht nur den Unterschied zu anderen Religionen. Genau darin unterscheidet sich die Predigt auch von anderen säkularen Vorträgen.

Was unterscheidet eine Predigt von einem TED-Talk? – Jesus von Nazareth.

Was unterscheidet die Predigt von einem Google-Talk? – Jesus von Nazareth.

Was unterscheidet die Predigt von einem Greator-Vortrag? – Jesus von Nazareth.

Beim Größe-Test geht es also um Gottes Wesen und darum, wie er sich in diese Welt offenbart hat. Predigerinnen und Prediger sollten in erster Linie über Gott sprechen. Nicht über ihre Kirche oder sich selbst.

Predigen heißt, Gott die Ehre zu geben.

TAKE-AWAYS FÜR DIE PREDIGT

- Wenn du einprägsam predigen willst, beschränke dich auf einen Punkt. Du kannst so viele Unterpunkte haben, wie du willst ... solange sie alle zu dem einen Zielgedanken passen.
- Bei der Arbeit am Titel geht es mehr als nur um eine Überschrift.
- Menschen lieben Ästhetik. Achte also auf deinen Auftritt. Damit Nebensächliches nebensächlich bleibt, müssen wir genau auf unsere Körperhaltung und unseren Kleidungsstil achten. Wenn wir dies ignorieren, kann unser äußeres Erscheinen zur Hauptsache für die Leute werden.
- Finde für dich die passende Mischung aus Kopf- und Herz-Elementen. Bleibst du bei der sachlichen Auseinandersetzung stehen, verlierst du viele emotionale Zuhörerinnen und Zuhörer. Das Gleiche gilt, wenn du zu emotional predigst. Die Mischung macht den Unterschied!
- Die Predigt darf nicht in erster Linie an ihrer Relevanz für die Praxis gemessen werden. Sie muss daran gemessen werden, ob jemand die Größe Gottes gepredigt hat oder nicht. Das Ziel der Predigt ist es, Gott die Ehre zu geben.

TIEFER GRABEN

1. Die Balance zwischen Kopf- und Herz-Elementen

Es gibt Elemente, die unseren Verstand oder unsere Gefühle ansprechen. In deiner letzten Predigt hast du sicherlich die eine oder andere Seite stärker betont. Bevorzugst du Kopf- oder Herz-Elemente? Siehst du in deiner Predigtpraxis vielleicht sogar eine Entwicklung von mehr Kopf zu mehr Herz oder umgekehrt? Welche Elemente möchtest du bei deinen künftigen Predigten mehr berücksichtigen?

Deine Einschätzung:

2. Die Größe Gottes

Bei den Take-Aways habe ich geschrieben: „Die Predigt darf nicht in erster Linie an ihrer Relevanz für die Praxis gemessen werden. Sie muss daran gemessen werden, ob jemand die Größe Gottes gepredigt hat oder nicht. Das Ziel der Predigt ist es, Gott die Ehre zu geben." Würdest du dem zustimmen? Findest du, dass das zu extrem formuliert ist? Was sollte deiner Meinung nach das Ziel der Predigt sein? Begründe deine Meinung.

Deine Einschätzung:

EINE SACHE, DIE DIR BESONDERS WICHTIG GEWORDEN IST

NOTIZEN

8 | GANZ VIEL PREDIGTKRIMSKRAMS

In diesem Abschnitt werden viele gebündelte Ratschläge präsentiert. Dieser „Predigtkrimskrams“ kann über die Zeit einen großen Unterschied machen. Besonders dann, wenn du die einzelnen Ratschläge nicht losgelöst von den anderen, sondern als Gesamtpaket betrachtest.

GANZ VIEL PREDIGTKRIMSKRAMS

Minimale Verbesserungen

Der Autor James Clear macht in seinem Buch „Die 1 %-Methode“ auf eine Arbeitsweise aufmerksam, die besonders die minimalen Veränderungen in den Fokus rückt. Es sind die kleinen Dinge, die langfristig eine große Veränderung bringen.

Clear verdeutlicht dies am Beispiel des Radsportverbands „British Cycling“. Der Verband ist für den professionellen Radsport in Großbritannien zuständig. Sie wurden extrem erfolgreich – vor allem deswegen, weil sie seit 2003 mehrere Hundert minimale Verbesserungen durchführten.

Die Sattel wurden bequemer gestaltet.

Die Reifen wurden mit Alkohol abgerieben, um einen besseren Grip zu bekommen.

Elektrisch beheizte Shorts wurden angeboten, die für eine ideale Muskeltemperatur sorgten.

Auch wenn am Anfang jede 1 %-Verbesserung für sich alleinstehend keine sichtbare Veränderung zeigte, führten sie im Laufe der Zeit zu erstaunlichen Ergebnissen. Während British Cycling im 20. Jahrhundert nur selten Radrennen gewann, erzielten die Sportler des Verbands nach mehreren Jahren minimaler Optimierungen große Erfolge. Die kleinen Veränderungen führten über die Zeit zu einer großen Wirkung.[147]

Predigtkrimskrams

Solche 1 %-Veränderungen können wir auch auf unsere Predigtpraxis anwenden. Oder anders gesagt: Es ist ganz viel Predigtkrimskrams, der am Ende einen Unterschied macht.

Diese kleinen Ratschläge bewirken nicht viel, wenn sie isoliert voneinander betrachtet werden. Die übliche Sicht auf Krimskrams ist ja gerade, dass es kleine Dinge sind, die als unbedeutend oder unwichtig angesehen werden.

Wenn wir aber mit diesem Predigtkrimskrams Stück für Stück unsere Predigt optimieren, haben diese kleinen Ratschläge es in sich. In unserem Alltag übersehen wir diese Kleinigkeiten oft. Doch manchmal machen gerade die winzigen Veränderungen über die Zeit den großen Erfolg aus.

Krimskrams 1: Klaue so viel Inhalt von anderen Leuten wie nur möglich.

Damit hättest du wahrscheinlich nicht gerechnet, oder?

Alles wurde schon gesagt

Fakt ist: Fast alles, was wir sagen, wurde schon einmal von anderen Predigerinnen und Predigern oder Gelehrten gesagt. Oder um es mit den Worten des Predigerbuches zu sagen: „Es gibt nichts Neues unter der Sonne!"[148] Das war schon den Leuten im Alten Orient klar.

Dem französischen Schriftsteller André Gide wird folgendes Zitat nachgesagt: „Alles ist schon einmal gesagt worden, aber da niemand zuhört, muss man es immer wieder von Neuem sagen."[149]

Obwohl viele Perspektiven schon längst im Umlauf waren oder sind, können wir sie für die Predigt gebrauchen. Vieles werden die Leute „das erste Mal" hören.

Diebstahl

Der Autor Austin Kleon erlangte einen hohen Bekanntheitsgrad durch sein Buch „Alles nur geklaut". Er bemerkt darin, dass sehr viele Künstlerinnen und Künstler so kreativ sind, weil sie ständig stehlen. „Jeder Kreative wird gefragt: ‚Woher nehmen Sie Ihre Ideen?' Die ehrliche Antwortet lautet: ‚Ich klaue'."[150]

Der Diebstahl ist die wichtigste Quelle für viele kreative Menschen. Das Zitat von Pablo Picasso bleibt am Anfang von Kleons Buch besonders hängen: „Kunst ist Diebstahl."[151]

Auch die Predigt ist ein Kunstwerk. Ein verbales Kunstwerk. Gott hat so viele Menschen begabt und gesegnet. Es wäre schade, wenn wir nicht davon profitieren würden.

Also los! Lies, so viel du kannst. Schau dir so viel ab wie nur irgendwie möglich. Klau, was das Zeug hält. Es ist keine Schande, wertvolle Gedanken von anderen Menschen zu übernehmen. Wir dürfen auf Ideen, Herangehensweisen, Gliederungen und vieles mehr von anderen Predigerinnen und Predigern zurückgreifen. Begehe einen Predigtdiebstahl.

Damit meine ich aber nicht: Druck dir eine Predigt von Spurgeon aus und halte sie genauso! Oder höre dir eine Predigt von Christine Caine an und predige sie mit den gleichen Worten nach. Deshalb ist auch der zweite Ratschlag wichtig.

Krimskrams 2: Mach deinen eigenen Remix aus dem Geklauten.

Plagiat und Forschung

Wir alle haben einzelne Vorbilder in verschiedenen Lebens- und Themenbereichen. Wir dürfen uns an ihnen orientieren. Doch wir sollten ihre Gedanken nicht als unsere eigene Gedankenarbeit verkaufen. Wir plagiieren, wenn wir das Geklaute als unsere eigene Arbeit ausgeben.

Dem Schriftsteller Wilson Mizner wird folgendes Zitat nachgesagt: „Wenn du von einer Autorin oder einem Autor stiehlst, nennt man das Plagiat. Wenn du von vielen Autorinnen und Autoren stiehlst, nennt man das Forschung."

Häppchen stehlen

Beim Klauen geht es um den Diebstahl von Häppchen, nicht um das Klauen von ganzen Werken. Kleon gibt einen hilfreichen Tipp, wie man seinen eigenen Remix aus dem Geklauten macht:

Wir sollten uns mit einzelnen Personen intensiv beschäftigen, die wir besonders inspirierend finden. Wir müssen uns mit deren Denken auseinandersetzen. Und dann suchen wir nach drei weiteren Personen, die diese inspirierende Person viel gelesen hat, und versuchen uns ebenfalls in diese hineinzuversetzen. Das Ganze kann beliebig oft wiederholt werden.[152]

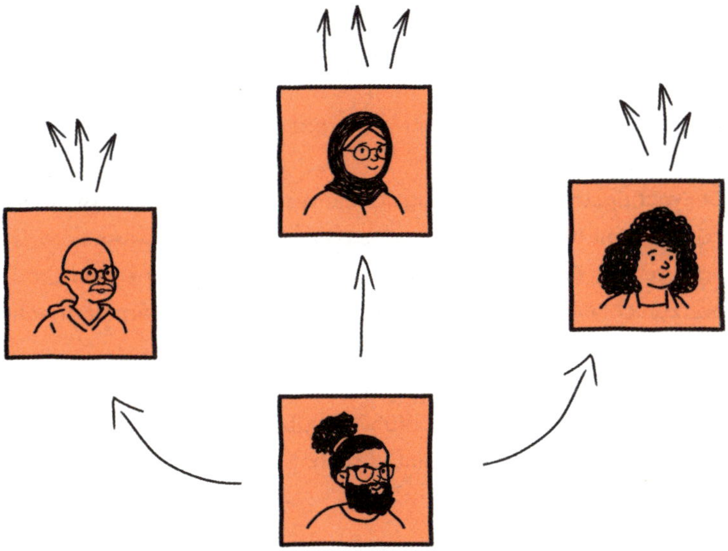

Krimskrams 3: Wenn du in deiner Vorbereitung kurz vorm Verzweifeln bist, bist du auf dem richtigen Weg.

Verzweiflung

Dieses Phänomen erleben wir in vielen Lebensbereichen. Beispielsweise beim Schreiben von Hausarbeiten. In meinem ersten Semester an der Uni saß ich in einer Vorlesung, als ein Professor über den Schreibprozess einer Hausarbeit sprach. Er sagte, dass wir alles richtig gemacht haben, wenn wir in einen Zustand der Verzweiflung kommen. Das gehört zum Schreiben einer Arbeit dazu. Was wir in solchen Situationen tun sollten, ist:

Dranbleiben!

Ich kann mich an eine Situation erinnern, in der ich keinen emotionalen Tiefgang bei der Predigtvorbereitung erlebte. Als ich das bemerkte, war einer meiner ersten Gedanken: Was läuft falsch? Vielleicht verändert sich das noch im Laufe der Zeit, aber bisher erlebe ich das Phänomen der Verzweiflung regelmäßig in der Predigtvorbereitung.

Bei uns Predigerinnen und Predigern kommt die Verzweiflung an unterschiedlichen Stellen auf. Meiner Erfahrung nach erscheint sie oft beim Strukturierungsprozess. Es ist eine große Herausforderung, aus all den geklauten Informationen eine eigene Struktur und Argumentation zu schaffen. Manche verzweifeln auch etwas früher bei der Themenfindung. Andere erst später beim Durchsprechen der Predigt. Bei allem aber gilt: Bleib dran.

Wenn alles keinen Sinn mehr macht, bist du auf dem richtigen Weg.

Der wichtigste Punkt in Bezug auf die Verzweiflung ist: Nimm dir genügend Zeit für die Vorbereitung. Wenn du beispielsweise Schwierigkeiten bei der Gliederung hast, hilft es meistens, eine Nacht drüber zu schlafen. Wenn du deine Predigt aber erst Samstagnacht gliederst, ist das natürlich schwierig.

Schritte im kreativen Prozess

Viele berichten von einem Gefühl der Überwältigung in der Vorbereitung. Erfahrungsgemäß gibt es sechs Schritte in diesem kreativen Prozess:

1. Das wird gut.
2. Das ist knifflig.
3. Das ist miserabel.
4. Ich bin miserabel.
5. Es wird vielleicht ganz okay.
6. Das wird gut.

Mit leicht veränderten Schritten könnte man den Prozess auch so veranschaulichen:

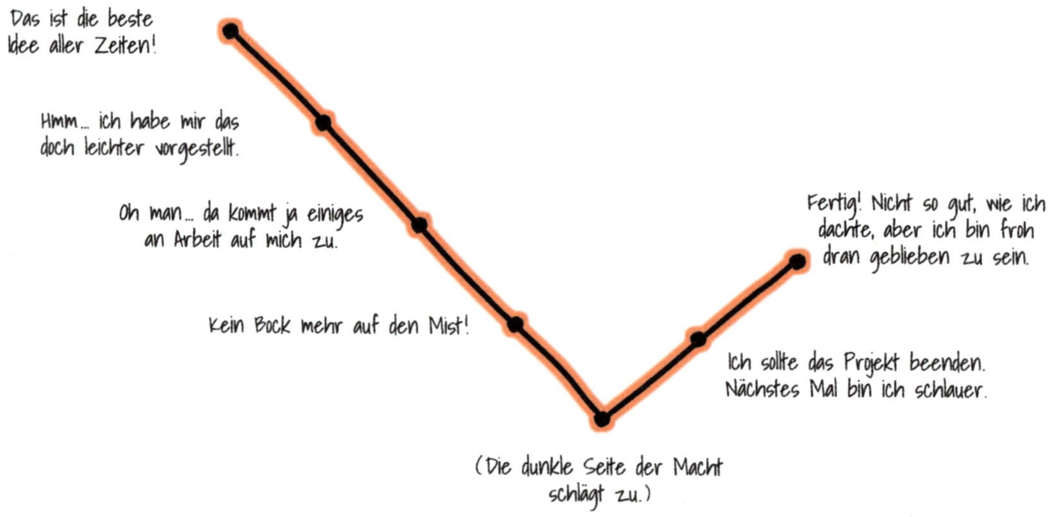

Krimskrams 4: Halte keine Predigt, die du nicht zweimal durchgesprochen hast.

Versteif dich nicht auf die Zahl zwei. Das zweimalige Durchsprechen ist eine Orientierung. Manchmal muss man eine Predigt fünfmal durchsprechen. Manchmal nur einmal.

Probleläufe

Chris Anderson betont im TED-Talk-Handbuch, wie wichtig die Probeläufe sind. Viele bekannte Rednerinnen und Redner üben ihren Vortrag, bevor sie ihn halten.

Der Unternehmer Steve Jobs hat stundenlang seine Vorträge einstudiert.

Der Schauspieler Salman Khan gibt den Tipp, einen Vortrag mindestens fünfmal zu üben.

Die Wissenschaftsjournalistin Mary Roach hat ihren Vortrag bei TED-Talk rund 25-mal geübt.[153]

Folgen von Probeläufen

Wenn du ein geschultes Gehör hast, hörst du vielleicht bei einigen Rednerinnen und Rednern heraus, ob sie vorher die Predigt mehrmals durchgesprochen haben oder ob sie sich vorne hinstellen und die Predigt zum ersten Mal halten.

Wer probt, findet oft schneller die Worte. Wer nicht probt, sucht ständig nach anderen Worten und findet sie nicht.

Wer probt, hält sich an die Redezeit. Wer nicht probt, hält oft längere und manchmal auch kürzere Vorträge.

Wer probt, dem rutschen seltener Worte oder Sätze raus, die sie oder er später bereuen könnte. Wer nicht probt, verplappert sich mehr.

Wer probt, der weiß, welche Folie bei der Präsentation als Nächstes kommt. Wer nicht probt, klickt ständig vor und zurück.

Mir persönlich hilft es, meine Predigt Familienangehörigen oder einzelnen Leuten aus meinen Freundeskreisen vorzupredigen. Ihre Ratschläge sind oft sehr wertvoll. Besonders wenn das Feedback auf Liebe und Ehrlichkeit gründet. Die Rückmeldungen müssen nicht nur inhaltlicher Natur sein. Auch Körperbewegungen oder die Aufmachung der Präsentation können reflektiert werden.

Krimskrams 5: Der Forschungsstand und die Bedeutung von hebräischen und griechischen Wörtern haben in der Predigt nichts zu suchen.

Und sofort muss ich diesen Ratschlag wieder etwas abschwächen. Natürlich gibt es Momente, in denen es wichtig ist, ein einzelnes hebräisches oder griechisches Wort zu erläutern.

Fremdwörter und Fachsprache

Einige Wörter sind sogar allgemein bekannt, wie das griechische Wort „Agape" oder das hebräische Wort „Schalom". Wenn Fremdwörter aber niemandem etwas sagen, macht es nur wenig Sinn, sie in der Predigt zu erwähnen. Das Gleiche gilt für Fachsprache.

Gottesdienst vs. Proseminar

Der erfahrene Prediger Haddon Robinson schreibt: „Die Menschen auf dem Marktplatz können die Sprache der Akademiker nicht lernen, also müssen die Akademiker die Sprache der Menschen auf dem Marktplatz lernen."[154]

Wir predigen in einem Gottesdienst, nicht in einem Proseminar für Neues Testament.

In einem Proseminar können wir ausführlich auf neuere Forschungsergebnisse eingehen. Wir können über die Rezeption von Texten sprechen, Einleitungsfragen klären, über die Ursprünge einzelner Texte spekulieren und vieles mehr. Aber nicht in einer Predigt. Dafür ist sie nicht da.

Im Gottesdienst sitzen Menschen, die in ihrem Glauben ermutigt oder herausgefordert werden wollen. Die Trost brauchen. Die manchmal Abstand von ihrem Alltag gewinnen wollen. Die wissen wollen, wie die antiken Texte uns in der Gegenwart weiterhelfen können.

Krimskrams 6: Stumpfe Anwendungen haben noch keinem Menschen geholfen.

Abgedroschene Aufforderungen

Wir alle kennen Predigten mit klassischen Aufrufen wie: „Bete mehr!“, „Liebe mehr!“, „Gib mehr!“, „Diene mehr!“. Wenn solche Aufrufe zu oft vorkommen, fangen wir an, sie zu ignorieren. Zumindest geht es mir oft so. Es wirkt abgedroschen, kalt und langweilig.

Folgende Analogie hat mir geholfen, das besser zu verstehen: Versetz dich einmal zurück in deine Kindheit. Stell dir vor, deine Eltern würden dir jedes Mal, wenn du ins Wohnzimmer kommst, sagen: „Räum dein Zimmer auf!“, „Mach das Auto sauber!“, „Putz die Küche!“, oder: „Mäh den Rasen!“.

Umgangsmöglichkeiten mit Anwendungen

Was passiert mit dir über die Zeit, wenn sich solche Aufforderungen häufen? Genau! Du hast kein Bock mehr, ins Wohnzimmer zu gehen. Du gehst deinen Eltern aus dem Weg. Wenn du aber in erster Linie Wärme und Annahme erfährst, ist es kein Problem, wenn auch mal einzelne Aufforderungen kommen. Sie werden in ein neues Licht gerückt.

Deswegen sollten wir uns manchmal mit Anwendungen zurückhalten. Indem wir zu oft mit Aufforderungen um uns werfen, kreieren wir eine kalte Atmosphäre. Wenn wir aber gut reflektierte Anwendungen wählen und uns mit der Anhäufung von verschiedenen Aufforderungen zurückhalten, können wir eine Atmosphäre der Annahme und Ermutigung schaffen.

Manchmal sind auch solche Anwendungen sehr hilfreich, die wir nicht als konkrete Anwendungen bezeichnen. Die biblischen Texte sind voll von Anwendungen, ohne dass wir es bemerken. Jede Geschichte hat einen Handlungsablauf und möchte uns in subtiler Weise etwas vermitteln. Geschichten machen das aber selten konkret oder auf direkte Weise.

Wenn in einer Geschichte Menschen sterben, bestraft werden oder es ihnen schlecht ergeht, merken wir, dass die Charaktere oft vorher schlechte Entscheidungen getroffen haben.

Wenn in einer Geschichte etwas Gutes passiert, Menschen gesegnet oder beschenkt werden, merken wir, dass die Charaktere gute Entscheidungen getroffen haben.

Erzählungen sind eine gute Möglichkeit, Anwendungen auf eine angenehme Art und Weise zu vermitteln. Statt also konkret dazu aufzufordern, mehr zu beten, könnten wir Geschichten erzählen, wie das Gebet uns selbst oder unsere Umstände verändert hat.

Krimskrams 7: Stell dir bei deiner Vorbereitung zwei oder drei konkrete Menschen vor, zu denen du predigen willst.

Konkrete Personen

Momentan bereite ich einen Großteil der Predigten zu Hause vor. Wenn ich meine Predigt ausarbeite und durchspreche, stelle ich mir vor, dass auf dem Sofa in meinem Zimmer zwei bis drei verschiedene Menschen sitzen.

Sie kommentieren das Gesagte. Bei manchen Aussagen haken sie nach, weil sie nicht schlüssig sind. Einiges kritisieren sie, weil es nicht präzise genug formuliert ist. Bei einigen Sätzen assoziieren sie etwas völlig anderes, sodass ich Aussagen neu formulieren muss.

Mich in diese Personen hineinzuversetzen hilft mir dabei, meine Predigt lebensnah zu halten.

Zuhörertypen

Folgende Zuhörertypen kannst du dir bei deiner Vorbereitung vorstellen:

Die gelangweilte Gina.

Sie ist ein Teenager und hat eigentlich überhaupt keine Lust auf den Gottesdienst. Sie ist nur da, weil die Eltern es ihr gesagt haben oder weil sie einige Freundinnen und Freunde sehen möchte.

Die alleinerziehende Annette.

Sie ist Mutter eines Kindes und fühlt sich alleingelassen. Sie befindet sich im Dauerstress, weil sie durchgängig mit Kind und Arbeit beschäftigt ist. Sie hofft auf Unterstützung von der Kirche.

Der cholerische Christian.

Er ist ein enger Freund von dir und war letzte Woche noch mit dir im Urlaub. Er merkt sofort, ob du nur fromm daherredest oder ob du das Gesagte auch auslebst. Des Öfteren gab es nach der Predigt auch schon einen verbalen Seitenhieb von ihm, weil du zu dick aufgetragen hast.

Die herzliche Hildegard.

Sie ist Seniorin und seit zehn Jahren in Rente. Sie hat viel erlebt und besitzt einen einfachen, aber starken Glauben. Mit einer akademischen Sprache kann sie nichts anfangen.

Die aufgeklärte Alina.

Sie ist Studentin und achtet seit mehreren Jahren auf eine gendergerechte Sprache. Sie hat ein feministisches Anliegen und reagiert besonders allergisch auf Pauschalaussagen gegenüber verschiedenen Minderheiten mit oder ohne Migrationshintergrund in Deutschland.

Der kirchenferne Kevin.

Er kommt immer wieder mal zur Kirche, weiß selber aber nicht genau warum. Seine Skepsis gegenüber der Kirche ist über die Zeit weniger geworden. Mit einem religiösen Jargon kann er nach wie vor nicht viel anfangen.

Der beständige Bernhard.

Oder auch „der beständige Boomer" genannt. Er arbeitet seit seinem Schulabschluss in der gleichen Firma. Manchmal bringt er einen flapsigen Spruch über die Coronapolitik oder tut so, als wüsste er nicht, dass die Maske über die Nase gehört. Er besucht jeden Sonntag treu den Gottesdienst.

Krimskrams 8: Wenn du etwas von dir selbst erzählst, dann erwähne in erster Linie Situationen, die aufgearbeitet und abgeschlossen sind.

Stell dir einmal vor, während einer Predigt enthüllt die Predigerin oder der Prediger, dass sie oder er sich heute auf dem Weg in den Gottesdienst mit der Familie verkracht hat, und sagt Folgendes:

„Liebe Gemeinde, ich bin heute mit dem falschen Fuß aufgestanden. Meine Laune war im Keller. Als wir dann als Familie zum Gottesdienst fahren wollten, haben sich auch noch meine Kinder und mein Mann / meine Frau verspätet. Das hat das Fass zum Überlaufen gebracht. Mir ist während der Fahrt zur Kirche der Kragen geplatzt. Ich habe meine Familie angeschrien und danach haben wir uns im Auto nur noch angeschwiegen. Ich hoffe, heute Nachmittag vertragen wir uns wieder."

Wie wirkt diese Aussage auf dich? Meiner Meinung nach ist diese Situation zu frisch. Erst muss Gras über die Sache wachsen, bevor man sich zu so etwas öffentlich äußert.

Das Publikum wünscht sich zwar Offenheit, aber in ein gegenwärtiges Problem miteinbezogen zu werden, geht zu weit. Hätte diese Person mehrere Wochen später diese Geschichte erzählt, wäre alles kein Problem. Aber diese Situation war noch zu spannungsgeladen.

Besonders herausfordernd sind Äußerungen über die eigene Sexualität. Enthüllungen über Selbstbefriedigung, Pornografie oder sexuelle Reize sollten nur mit viel Bedacht angesprochen werden.

Robinson schildert eine Situation, die das sehr gut auf den Punkt trifft:

> „Ein Pastor, der über das Problem der sexuellen Begierde predigte, gab zu: ‚Ich kenne die Macht der sexuellen Versuchung. Es gibt Zeiten, in denen auch ich andere Frauen begehre. Und wenn ich heute Morgen hier stehe und in die Gemeinde schaue, muss ich zugeben, dass ich auch einige von Ihnen begehrt habe.'"[155]

Bei aller Ehrlichkeit, die wertzuschätzen ist, hat er durch diese Selbstoffenbarung die Predigt zunichte gemacht. Der erste Satz hätte gereicht. „Ich kenne die Macht der sexuellen Versuchung."

Ich stelle mir so eine Situation sehr unangenehm vor. Anstatt auf eine biblische Lösung des Pastors zu warten, starren sich alle gegenseitig an.

„Meint er damit mich?"

„Oder die Frau da drüben?"

„Oder die Frau, mit der er vor dem Gottesdienst länger geredet hat?"

Eine übertriebene Offenheit kann die Wirkung der Predigt zerstören. Als Faustregel gilt: „Die Leute können mit Selbstenthüllung viel besser umgehen, wenn sie sich auf eine Begebenheit beziehen, die in der Vergangenheit liegt."[156]

Eine gesunde Offenheit ist oft angebracht. Aber es gibt auch unangemessene Selbstenthüllungen. Generell gesagt sollten nur abgeschlossene Situationen erwähnt werden.

Krimskrams 9: Du musst nicht überall alles sagen.

Wir müssen nicht jedes Thema in vollem Umfang auf der Bühne präsentieren. Wir sollten ein sensibles Gespür dafür entwickeln, was zu welcher Zeit angebracht ist und was nicht.

Ein gutes Beispiel dafür ist Jesus selbst. Jesus ging mit verschiedenen Gruppen unterschiedlich um. In jedem Kreis hat er andere Themen angesprochen. Vor der großen Menge sprach er über Gleichnisse. Aber im engsten Kreis erklärte er sie ausführlicher.

Manchmal vertraute Jesus seinem engsten Jüngerkreis auch Inhalte an, die nicht für die Öffentlichkeit bestimmt waren. Beispielsweise offenbarte er nur wenigen Freunden, dass er leiden und sterben musste.

Bei Jesus fällt auf, wie reflektiert er Inhalte in unterschiedlichen Kontexten anspricht. Mal bleibt er an der Oberfläche. Mal vertieft er Themen. Mal schlägt er einen sehr strengen Ton an. Mal ist er sanft in seiner Rede.

Ähnlich wie Jesus müssen wir auch nicht immer alles sagen. Ich erinnere mich an genügend Gespräche, in denen Leute meinten, sie müssten zu Themen unbedingt Position beziehen, die zum einen kontrovers waren und die sie zum anderen auch noch nicht vernünftig durchdacht hatten. Meine Erfahrung hat mir gezeigt, dass es nicht immer weise ist, überall Stellung zu beziehen. Besonders dann nicht, wenn man seine Meinung nicht gut begründen kann. Stattdessen sollten wir reflektieren, über welche Inhalte wir in welchem Kontext sprechen.

Was passiert, wenn ich mich bei einem kontroversen Thema positioniere, ohne mich vorher genügend informiert zu haben? Ich radikalisiere Leute, die eine andere Position haben. Vorurteile gegenüber anderen Vertreterinnen und Vertretern festigen sich. Natürlich nicht immer, aber oft. Dieses Verhalten bestärkt die Gegenseite in der Annahme, dass Vertreterinnen und Vertreter einer bestimmten Position Dinge einfach nur nachreden, ohne sich selbstständig Gedanken gemacht zu haben.

In Bezug auf die Predigt heißt das: Bleib bei deinem Predigtthema, das du gut vorbereitet hast.

Manche Themen gehören auch in aller Ausführlichkeit eher in einen kleinen Kreis von Freundinnen und Freunden. Viele Nahestehende können deine Aussagen besser einordnen als Hörerinnen und Hörer in der Kirche. Das gilt insbesondere bei Glaubensfragen, mit denen du dir noch unsicher bist oder eine Gemeinde überfordern könntest. Diese Themen solltest du erst im kleineren Kreis durchdenken. Timing ist hier ein wichtiges Schlüsselwort. Ein Gespür für den richtigen Moment zu haben, ist für die Predigtpraxis Gold wert.

Auch wenn du gut vorbereitet bist, kann es sein, dass die Kirchengemeinde noch nicht für bestimmte Themen bereit ist. Ein Satz, der das gut auf den Punkt bringt, ist folgender:

Fordere eine Gemeinde heraus, einen Schritt weiterzugehen, und du wirst zur Impulsgeberin oder zum Impulsgeber. Fordere eine Gemeinde heraus, drei Schritte weiterzugehen, und du wirst zur Märtyrerin oder zum Märtyrer.[157]

Es braucht viel Weisheit und Reflexion, um zu entscheiden, welche Themen man in welchem Kontext anspricht.

Krimskrams 10: Wenn du nach deiner Predigt gelobt wirst, verkneife dir Aussagen wie „Gott die Ehre dafür".

Die meisten Predigenden sind sich der Gefahren von Lob bewusst.

Lob kann stolz machen.

Lob kann zu einer süchtig machenden „Droge" werden.

Nichtsdestotrotz ist Lob oft eine gute Sache. Wir sollten diese Momente mit Dankbarkeit umarmen. Gelobt zu werden gibt uns Kraft, weiter dranzubleiben.

Aber wie können wir mit Lob umgehen? Folgende Sätze haben mir geholfen, nicht unbeholfen zu sein, wenn ich nach der Predigt gelobt werde:

„Wow! Vielen Dank für deine Rückmeldung. Es tut gut zu hören, dass dir die Predigt gefallen hat."

„Danke für dein Feedback. Ich schätze es sehr, dass du dir die Zeit genommen hast, mir das zu sagen."

Wenn eine Person offensichtlich mehr als begeistert war von der Predigt, kann man fragen: „Was fandest du besonders hilfreich? Was hast du genau mitgenommen?" Solche Fragen helfen, den Inhalt besser einzuschätzen. So weißt du, was gut ankommt und welche Stellen der Predigt du noch mehr ausbauen kannst. Das solltest du aber nur Leute fragen, bei denen du sicher bist, dass dein Gegenüber keine Plattitüde wiederholt, sondern das Lob wirklich ernst meint.

Es ist nicht demütig, Komplimente durch Sätze wie: „Oh, das bin nicht ich. Nur Gott die Ehre dafür“ zurückzuweisen oder abzuwehren. Das entehrt deine Fähigkeiten, die Gott in dich hineingelegt hat. Du darfst Komplimente dankbar annehmen.

Der Prediger Jonathan T. Pennington bringt es auf den Punkt: „Weise Predigerinnen und Prediger suchen nicht nach Lob als götzendienerische Quelle, sondern als ein Geschenk, das ein gesundes Leben ermöglicht.“[158]

Krimskrams 11: Wenn du nach deiner Predigt kritisiert wirst, verkneife dir eine Rechtfertigung.

Kritik zu bekommen, fällt uns oft besonders schwer. Wie beim Lob gibt es auch hier Gefahren.

Kritik kann verletzend sein.

Kritik kann uns dazu bringen, dass wir auf der Bühne verunsichert werden. Im Extremfall kann es sein, dass Leute deshalb aufhören zu predigen.

Je nachdem, mit wem ich rede, wird Kritik manchmal als etwas Gutes und manchmal als etwas Schlechtes verstanden. Meine Vermutung ist, dass diese Bewertung von mindestens zwei Dingen abhängig ist.

Zum einen: Ist die Rückmeldung schlecht oder konstruktiv? Möchte sich jemand nur beschweren oder dazu beitragen, die Predigt zu verbessern?

Zum anderen liegt es auch an dem eigenen Mindset. Möchte ich aus meinen Fehlern lernen?

Eine schlechte Kritik ist meistens nur bewertend. Kritikerinnen und Kritiker gehen nur von ihrer eigenen Perspektive aus.

„Ich fand deine Predigt heute total schlecht.“

„Na, diesmal hat dir aber etwas der Elan gefehlt, oder? Du warst nicht wirklich bei der Sache.“

„Schrecklich, welche theologischen Aussagen du heute getroffen hast. Dem stimme ich ja überhaupt nicht zu.“

Eine konstruktive Kritik hingegen zeigt eher Alternativen auf.

„Mir ist aufgefallen, dass heute die Spannung während der Predigt etwas verloren gegangen ist. Vielleicht würde es helfen, wenn du nach Punkt A eine Geschichte eingebaut hättest.“

Konstruktive Kritikerinnen und Kritiker sind sich ihrer eigenen Perspektive bewusst. Nachdem ich einmal eine konstruktive Kritik von einem Verantwortlichen aus meiner Gemeinde bekommen habe, fügte dieser einige letzte Sätze hinzu, die ich sehr wertvoll fand. Er sagte: „Aber das ist nur meine Meinung. Am besten fragst du noch ein paar weitere Leute, ob es ihnen ähnlich ergangen ist wie mir.“[159]

Es ist wichtig, bei Feedback, egal ob positiv oder kritisch, immer im Blick zu behalten, dass es nur *eine* Perspektive auf die Predigt ist. Vielleicht hilft ein Beispiel. Wenn zwei Leute von jeweils unterschiedlichen Seiten auf eine Eistee-Dose blicken, werden sie verschiedene Dinge sehen. Eine Person sieht das Cover auf der Vorderseite. Eine andere Person sieht die Zutatenliste auf der Rückseite.

So darf man auch Kritik betrachten. Jede Person, die uns ein Feedback gibt, hat einen bestimmten Blick auf das Thema. Aber es ist immer nur eine beschränkte Sicht. Um ein Thema ganzheitlich zu betrachten, müssen wir viele Perspektiven einnehmen.

Wie können wir also damit umgehen, wenn wir Kritik bekommen?

Folgende Sätze haben mir geholfen, nicht unbeholfen zu reagieren, wenn ich nach der Predigt kritisiert werde.

„Danke für deine Sicht auf die Dinge. Ich werde über deine Worte nachdenken.“

„Oh. Interessant, wie die Predigt bei dir angekommen ist. Ich frage mal noch weitere Leute, ob sie das ähnlich wahrgenommen haben."

Vielen von uns fällt es schwer, Kritik einfach stehen zu lassen. Wir neigen dazu, uns sofort rechtfertigen zu wollen. Aber viele Homiletik- und Rhetorikbücher warnen davor, eine direkte Antwort zu geben. Besonders wenn wir nach der Predigt noch euphorisch sind, brauchen wir meistens etwas Abstand zu der Predigt, um die Kritik nicht als Angriff auf uns als Person zu verstehen.

Verkneife dir also eine Rechtfertigung.

TAKE-AWAYS FÜR DIE PREDIGT

- Klaue so viel Inhalt von anderen wie nur möglich.
- Mach deinen eigenen Remix aus dem Geklauten.
- Wenn du in deiner Vorbereitung kurz vorm Verzweifeln bist, bist du auf dem richtigen Weg.
- Halte keine Predigt, die du nicht zweimal durchgesprochen hast.
- Der Forschungsstand und die Bedeutung hebräischer und griechischer Wörter hat in der Predigt nichts zu suchen.
- Stumpfe Anwendungen haben noch niemandem geholfen.
- Stell dir bei deiner Vorbereitung zwei oder drei konkrete Menschen vor, zu denen du predigen willst.
- Wenn du etwas von dir selbst erzählst, dann erwähne Situationen, die aufgearbeitet und abgeschlossen sind.
- Du musst nicht überall alles sagen.
- Wenn du nach deiner Predigt gelobt wirst, verkneife dir Aussagen wie: „Gott die Ehre dafür".
- Wenn du nach deiner Predigt kritisiert wirst, verkneife dir eine Rechtfertigung.

TIEFER GRABEN

1. Ganz viel Predigtkrimskrams

Auf der vorherigen Seite siehst du die Ratschläge, die ich Predigtkrimskrams genannt habe. Welche Ratschläge fandest du hilfreich? Welche fandest du ganz in Ordnung? Welche fandest du unnötig?

Hilfreich:

Ganz okay:

Unnötig:

TIEFER GRABEN

2. Predigtremix

Beim zweiten Ratschlag haben wir uns unter anderem mit einem Tipp von Austin Kleon beschäftigt. Er empfiehlt, sich mit einzelnen Menschen und ihren Denkweisen genauer auseinanderzusetzen. Danach sollen wir schauen, welche drei Menschen diese Person geprägt und inspiriert haben.

Welche Personen haben dich geprägt?

Durch welche Menschen wurde die Person inspiriert, die dich geprägt hat?

Mit welchen Leuten und ihren Denk- und Handlungsweisen möchtest du dich näher beschäftigen?

TIEFER GRABEN

3. Nicht überall alles sagen

Beim neunten Ratschlag ging es darum, nicht immer überall alles sagen zu müssen. So wie Jesus sollten wir reflektieren, über welche Themen wir in bestimmten Kreisen sprechen.

IIn welchen Kreisen bist du unterwegs?

Gruppe 1:

Gruppe 2:

Gruppe 3:

Gruppe 4:

Welche gesellschaftlichen und theologischen Themen beschäftigen dich gerade?

In welchem Kreis ist es angebracht, über welches Thema in welcher Intensität zu reden? Verbinde die Themen mit den jeweiligen Gruppen.

EINE SACHE, DIE DIR BESONDERS WICHTIG GEWORDEN IST

NOTIZEN

9 | DER EWIGE STREIT: FREIE ODER MANUSKRIPT-GEBUNDENE PREDIGT?

Die gemischten Gefühle gegenüber der freien und manuskriptgebundenen Predigt

Seit der Aufklärungszeit werden von unterschiedlichen Homiletikerinnen und Homiletikern entweder die Schriftlichkeit oder Mündlichkeit stärker betont. Zuerst schauen wir uns das Plädoyer für die freie Predigt an. Danach betrachten wir das Plädoyer für die manuskriptgebundene Predigt. Für beide Positionen werden jeweils sechs Gründe genannt.

Und was machen wir jetzt mit diesen gemischten Gefühlen?

Nach der Vorstellung der beiden Positionen stellen wir uns die Frage, was wir mit diesen gemischten Gefühlen machen. In welche Richtung kann man die Frage auflösen? Muss man immer frei oder manuskriptgebunden predigen? Gibt es die eine richtige Form?

Zwölf abschließende Tipps

Zwölf kurze Tipps können die Rede verbessern.

DER EWIGE STREIT: FREIE ODER MANUSKRIPTGEBUNDENE PREDIGT?

Freier Prediger

Ich hörte von einem Pastor, der über mehrere Jahre hinweg mit Notizen auf der Bühne kommunizierte. Seine Predigten waren gut, aber nicht sehr gut. Er wusste nicht so recht, wie er sich noch weiter steigern konnte.

Irgendwann kam er auf die Idee, sich ausführlicher mit der freien Predigt zu beschäftigen. Als er dies tat, begann er, Stück für Stück immer weniger Notizen auf die Kanzel zu nehmen. Nach einiger Zeit merkten sowohl er selbst als auch die Hörerinnen und Hörer, dass die Qualität seiner Predigten immer besser wurde.

Am Ende schaffte er es häufiger, vollständig ohne Manuskript zu predigen. Er begann, mehr mit dem Publikum zu kommunizieren. Er schaute den Menschen in die Gesichter, ging auf ihre Reaktionen ein und bewegte sich frei. Für ihn ein großes Erfolgserlebnis.

Manuskriptgebundener Prediger

Von einem anderen erfahrenen Prediger hörte ich das genaue Gegenteil. Er fühlte sich auch nach mehreren Jahrzehnten Predigterfahrung überfordert damit, frei zu predigen. Als ich ihm beim Predigen zuhörte, merkte ich aber, dass seine Predigt nicht abgelesen wirkte. Auch er konnte mit den Menschen kommunizieren und ihnen in die Augen schauen. Er wirkte durch seine Notizen nicht verkrampft, sondern entspannt und gelassen.

Als ich nach der Predigt einen Blick in seine Notizen wagte, sah ich, dass jeder einzelne Satz seiner Predigt aufgeschrieben war. Jeder Witz. Jede zentrale Aussage. Jeder einzelne Punkt. Alles war farblich markiert, damit man sich gut im Manuskript orientieren konnte.

Die meisten von uns werden sich wahrscheinlich irgendwo zwischen diesen Gegensätzen wiederfinden. Aber trotzdem kam in mir die Frage auf: Wie soll ich denn jetzt predigen? Frei oder manuskriptgebunden?

Um diesen Konflikt soll es in diesem Abschnitt gehen: der ewige Streit um die freie und manuskriptgebundene Predigt.

Die gemischten Gefühle gegenüber der freien und manuskriptgebundenen Predigt

Debatte von der Aufklärung ...

Seit der Aufklärungszeit bis heute gibt es zum einen Positionen, in denen die Schriftlichkeit in der Predigt stärker hervorgehoben wird, und zum anderen Positionen, in denen die Mündlichkeit stärker betont wird.

Friedrich Schleiermacher hat davor gewarnt, ein Predigtmanuskript zu gebrauchen. Der Grund: Es beeinträchtige den Kontakt mit der Gemeinde zum Negativen. Er entwickelte seine Predigten im Geiste und hatte für die Predigt höchstens einen Stichwortzettel dabei, in dem der letzte Teil mit kurzen Schlüsselwörtern aufgeschrieben war.

Karl Barth dagegen betonte ausdrücklich, dass in der Vorbereitung jedes gepredigte Wort vorher niedergeschrieben werden muss. Sehr entschieden machte er deutlich, dass exakt alles schriftlich vorbereitet werden sollte.[160] „Druckreif müsste sozusagen jede Predigt sein, ehe sie gehalten wird“ [161], schrieb er. Wenn man versucht, seine Botschaft über die verschriftlichte Rede in einem Satz zusammenzufassen, könnte sie so lauten: „Predigen heißt ablesen, was geschrieben steht.“[162] Das gelte für jede Predigt.[163]

... bis heute

Wie sieht es heute in der homiletischen Landschaft aus? Die Meinungen dazu sind immer noch gespalten. Die Pastorin und Schreibberaterin Annette Cornelia Müller bringt es auf den Punkt: „Im Kern geht es um die Frage, welche Art von Predigtvorbereitung und welche Vortragsart zu einer qualitativ hochwertigen Predigt führen.“[164]

Schauen wir uns zuerst das Plädoyer für die freie Predigt an und dann das Plädoyer für die manuskriptgebundene Predigt.

Plädoyer für die freie Predigt

Es gibt viele gute Gründe, warum die Predigt frei vorgetragen werden sollte. Bekannte Vertreter dieser Position im deutschsprachigen Raum sind Albert Damblon, Arndt Schnepper und Volker Lehnert. In ihren Büchern habe ich viele Argumente entdeckt, von denen ich sechs zusammenfassend vorstellen möchte.

1. Die freie Predigt ist überzeugender.

Überzeugender

Da die Predigt das öffentliche Zeugnis der Botschaft Jesu Christi ist, gehört zur Verkündigungskompetenz die Fähigkeit, die Nachricht frei und überzeugend zu kommunizieren. Wie soll die Predigt überzeugen, wenn Predigerinnen und Prediger leise vor sich her ins Skript reden? Eine Lautsprecheranlage kann zwar die Stimme verstärken, aber nicht andere kommunikationstechnische Schwächen ausgleichen.

Generell sollte die Predigt als Zeugnis verstanden werden. Damit dieses Zeugnis überzeugt, sind neben dem gesprochenen Inhalt auch Mimik, Gestik, Haltung, Stimme, Lautstärke, Sprechgeschwindigkeit und vieles mehr entscheidend. Bei einer freien Rede sollte man nicht mit Blick auf das Manuskript in das Mikrofon nuscheln, sondern mit aufrechter Haltung in die Gesichter der Hörerinnen und Hörer schauen und Jesus leidenschaftlich bezeugen.

Diese Leidenschaft muss rübergebracht werden. Lehnert zitiert Manfred Josuttis, der vielleicht etwas gewagt, aber dennoch eindrücklich schreibt: „Enthusiasmus zu wagen, das würde zunächst einmal heißen: ohne das Sicherheitsnetz einer schriftlichen Vorlage auf die Kanzel zu gehen."[165]

2. Die freie Predigt verpflichtet die Predigerin und den Prediger zu einer intensiven Vorbereitung.

Intensive Vorbereitung

Da die Predigt frei gesprochen werden soll, müssen die Predigerinnen und Prediger sich vorher intensiv mit der Botschaft Jesu Christi befasst haben. Damblon betont, dass „frei" und „unvorbereitet" immer wieder verwechselt werden. Manche werden auch als „Schwätzerin" oder „Schwätzer" betitelt, weil sie frei predigen.

Es sind falsche Gegensätze, die da in den Köpfen kursieren. Auf der einen Seite steht die frei vorgetragene, unvorbereitete und unpräzise Rede. Auf der anderen Seite steht der abgelesene, vorbereitete und präzise Vortrag. Aber: „Gerade, wenn ich frei predigen will, muss ich ausgezeichnet vorbereitet sein."[166]

Bei einer freien Predigt wird nur dann viel Unsinn geredet, wenn sie schlecht vorbereitet wurde. Um eine überzeugende Predigt frei zu halten, braucht es eine zeitaufwendige Vorbereitung.

3. Die freie Predigt verhilft zum Mitdenken.

Mitdenken

Da die Predigt auf die Hörerinnen und Hörer eingeht, müssen Predigerinnen und Prediger nicht nur in der Vorbereitung denken, sondern auch während des Vortrags. Bei einer manuskriptgebundenen Predigt wird in vielen Fällen zwar intensiv in der Vorbereitung nachgedacht, aber nicht auf der Kanzel. Bei einer freien Predigt wird aber denkend gesprochen und sprechend gedacht. Genauso, wie es in jedem normalen Gespräch der Fall ist.

Der freie Vortrag verhilft aber nicht nur der Predigerin oder dem Prediger zum Mitdenken, sondern auch den Hörerinnen und Hörern. Die natürlichen Sprechpausen sind für sie eine große Hilfe. Während die Rednerin oder der Redner pausiert, um darüber nachzudenken, wie und was als Nächstes gesagt werden soll, hat die Gemeinde Zeit, das Gesagte zu reflektieren. Bei einer abgelesenen Predigt verringert sich diese Pausenzeit.

4. Die freie Predigt ist wirksamer.

Wirksamer

Da die Predigt eine Rede ist, sollte sie nicht zu einer Schreibe verkommen. Die deutsche Sprache wird in einem Aufsatz anders gebraucht als in einer Predigt. Gesprochene Sprache ist situationsgebunden, stilistisch einfach, kontaktstark, flüchtig und dynamisch. Geschriebene Sprache ist situationslos, stilistisch niveauvoll, kontaktschwach, jederzeit wiederholbar und statisch. Lesen und Sprechen sind unterschiedliche Sprachformen. Ein Aufsatz ist zwar nachhaltiger, aber eine Predigt ist wirksamer.

Schnepper bringt es auf den Punkt: „Eine vorgelesene Rede ist eigentlich keine Rede. Es ist eine ‚Lese'. Wer [...] frei spricht, verzichtet ganz automatisch auf verschachtelte Sätze oder komplizierte Strukturen."[167]

5. Die freie Predigt ist dialogischer.

Dialogischer

Da die Predigt ein Gespräch ist, sollte der dialogische Charakter im Vordergrund stehen. Der Begriff „Homiletik“ ist auf den griechischen Begriff *homilein* zurückzuführen. Übersetzt bedeutet das Wort „sich unterhalten, mit jemandem vertraulich reden“.[168] Die Lehre von der Predigt hat somit eine kommunikative Bedeutung, die bei einer abgelesenen Predigt verblasst.

Hast du schon einmal ein Gespräch erlebt, bei dem zwei Personen sich ihre vorbereiteten Notizen vorgelesen haben? Statt vorgefertigte Texte abzulesen, antworten wir normalerweise spontan und direkt auf das Vorherige. Die freie Predigt nimmt die Signale der Hörerinnen und Hörer auf und kann darauf eingehen.

6. Die freie Predigt war 1900 Jahre lang der Normalfall.

1900 Jahre Normalfall

In groben Zügen skizziert Schnepper die Geschichte der freien Predigt.[169] Lehnert fasst sie ebenfalls auf wenigen Seiten zusammen.[170]

Ausgehend vom römischen Kulturraum wurde in der Antike die Gedächtniskunst genutzt, um zu predigen. Jesus selbst verkündigte frei. Origenes gebrauchte kein Manuskript. Gregor von Nazianz ebenfalls nicht. Johannes Chrysostomus ging in der Predigt auf die Reaktionen seiner Hörerinnen und Hörer ein. Augustinus war sogar fähig, spontan den Predigttext zu wechseln.

Dann folgt ein großer Sprung zu Martin Luther. Er prägte sich nicht alle Punkte ein, sondern konzentrierte sich auf den Hauptpunkt. Während er sprach, fielen ihm die einzelnen Teile seiner Predigt ein. Schleiermacher wurde oben bereits als ein Vertreter der freien Predigt erwähnt. Im 19. Jahrhundert predigten besonders Claus Harms, Rudolf Stier, Ludwig Hofacker und Theodor Christlieb frei.

Erst mit der Moderne kam der große Umschwung.

Wegbereitend war als Vorläufer der Moderne der Philosoph Immanuel Kant. Er sah in der Rhetorik eine „hinterlistige Kunst“, welche die Unwissenheit der Menschen benutzt, um sie zu manipulieren und die eigenen Überzeugungen durchzusetzen.

Aus der Theologie ist Karl Barth zu nennen. Seine Botschaft: „Predigen heißt ablesen, was geschrieben steht“, habe ich schon weiter oben erwähnt.

Auch die technische Entwicklung spielte eine Rolle: Ohne Lautsprecher wäre es nie möglich gewesen, mit einem Skript zu predigen. Der Schall der Stimme würde ansonsten nicht bei den Menschen ankommen, wenn die Predigerin oder der Prediger ständig mit gebeugter Haltung in die Notizen spricht. „Was also einerseits eine technische Weiterentwicklung bedeutete, führte andererseits zu einer rhetorischen Verarmung.“[171]

So viel zu den Argumenten für die freie Predigt. Es gibt aber auch noch eine andere Seite.

Plädoyer für die manuskriptgebundene Predigt

Präsentische Predigt

Es gibt nicht nur viele Gründe für die freie, sondern auch für die manuskriptgebundene Predigt. Bekannte Vertreter sind Alexander Deeg, Michael Meyer-Blanck und Christian Stäblein. Sie nennen ihre bevorzugte Predigtform aber nicht manuskriptgebundene Predigt, sondern präsentische Predigt. Ihnen ist bewusst, dass sie sehr einseitig für ihre Position argumentieren. Sie tun dies jedoch, weil ihnen die freie Predigt zu überhöht dargestellt wird. Vielleicht sollten wir aber zuerst klären, was eine präsentische Predigt überhaupt ist.

Erfahrbare Ebene

Auf der erfahrbaren Ebene heißt präsent zu predigen, dass auch mit einem Manuskript eine gespannte und neugierige Atmosphäre kreiert werden kann. Diese Präsenz ist ein Moment, in dem man Zeit und Ort vergisst, weil gerade etwas spürbar anderes passiert.

Der Psychologe Mihaly Csikszentmihalyi nannte diesen Moment „Flow“. In der Religionswissenschaft wird es „Religiöse Evidenz“ genannt. In biblischer Sprache wird dieses Phänomen als das „Ansprechen des Wortes Gottes“ bezeichnet.

Dies passiert, wenn präsent gepredigt wird.[172]

Auf der formellen Ebene betont die präsentische Predigt einen stimmigen Umgang mit dem Manuskript. Es geht somit nicht um ein reines Vorlesen der Predigt, sondern um eine angenehme Balance zwischen Hörerinnen, Hörern und Manuskript.

Formelle Ebene

Mit dem vollen Bewusstsein, dass Deeg, Meyer-Blanck und Stäblein diese Form „präsentische Predigt" nennen, verwende ich aus pragmatischen Gründen die Bezeichnung „manuskriptgebundene Predigt". In ihren Aufsätzen habe ich viele Argumente entdeckt, von denen ich ebenfalls sechs vorstellen möchte.

1. Die manuskriptgebundene Predigt ist theologisch präziser.

Präziser

Weil das freie Predigen oftmals auf komplexere Gedankengänge verzichtet, kann es die Hörerinnen und Hörer geistig und geistlich unterfordern. Die manuskriptgebundene Predigt hingegen fördert kluge und präzise Gedankengänge, gekoppelt mit stimmigen Bildern und überzeugenden Geschichten.

Die Predigtvorbereitung, in der die eigenen Gedanken verschriftlicht werden, begünstigt eine selbstkritische Reflexion der eigenen Denkmuster. Wenn bei der freien Rede die Gedanken nicht prägnant und formulierungsstark verschriftlicht werden, besteht die Gefahr, die christliche Botschaft zu verflachen. Natürlich sollte darauf geachtet werden, dass das Manuskript nicht wie ein Aufsatz formuliert wird. „Einfach gesagt muss die Schreibe Rede werden, ja, sie muss als Schreibe schon Rede sein."[173]

Trotzdem ist es die Aufgabe der Predigerin und des Predigers, den Vortrag auf der Kanzel neu entstehen zu lassen. Deeg, Meyer-Blanck und Stäblein schreiben: „Das Manuskript ist noch nicht die Predigt selbst, sondern das Textbuch, die Partitur für den Predigtvorgang."[174]

Aus dem sorgfältig vorbereiteten Manuskript wird durch etliche Markierungen ein Stichwortmanuskript. Und dieses Manuskript nehmen Predigerin und Prediger mit auf die Kanzel. Dabei gilt: Jeder Satz wird von vorne neu formuliert.

2. Die manuskriptgebundene Predigt trennt besser zwischen guten und schlechten gedanklichen Einfällen.

Trennung von Einfällen

Die freie Predigt steht mehr in der Gefahr, den Bibeltext in den Hintergrund treten zu lassen. Der Text kann schnell als „Sprungbrett" für Gedankengänge genutzt werden, die häufig in ablenkender Weise gebraucht werden. Spontane Einfälle – egal ob gute oder schlechte – werden bei einer freien Predigt direkt kommuniziert. Es bleibt keine Zeit zur Reflexion.

Wer manuskriptgebunden predigt, kann sich stattdessen in aller Freiheit auf den Text und die Auslegung konzentrieren, weil die vorbereitete Exegese genügend präzisiert wurde.

Die Predigerinnen und Prediger mit Skript sind die, die wirklich frei sind, da sie in der Vorbereitung schlechte von guten Einfällen unterscheiden können und Dinge bis zu Ende denken können. Sie müssen nicht jeden Gedankeneinfall kommunizieren. Dennoch gestehen Deeg, Meyer-Blanck und Stäblein ein, dass die Schriftlichkeit einer Predigt keine Schriftgemäßheit garantieren kann.[175]

3. Die manuskriptgebundene Predigt lässt den Hörerinnen und Hörern die Freiheit, wie sie auf das Gesagte reagieren.

Freie Reaktion

Die freie Predigt kann Hörerinnen und Hörer schnell überwältigen. Sie werden ihrer Freiheit beraubt, weil sie mit einer bedrängenden und autoritären Rhetorik gefesselt werden. Die Predigerin oder der Prediger steht in der Gefahr, zu einer „Rampensau" zu verkommen.

Die manuskriptgebundene Predigt hingegen gewinnt die Hörerinnen und Hörer, indem sie die Menschen als freie und erlöste Menschen Gottes wahrnimmt. Sie werden als Mitproduzentinnen und Mitproduzenten ernst genommen und nicht von der Predigt überrollt. Sie haben die Freiheit, auf das Gesagte zu reagieren, wie sie es für richtig halten. Auch werden die Predigerinnen und Prediger davor bewahrt, sich den Menschen aufzudrängen.

4. Die manuskriptgebundene Predigt nimmt die Sprache in der Vielfalt ihrer Formen wahr.

Vielfältige Sprache

Zahllose Wiederholungsschleifen. Endloses Gerede. Wenig Gedankenfortschritt. Strukturlose Einfälle. Mit all diesen Gefahren hat die freie Predigt zu kämpfen. Und all das führt gerade nicht zu einer ausgefeilten Rhetorik, sondern zu einem rhetorischen Mangel.

Deeg erlaubt sich eine polemische Nebenbemerkung und schreibt: „Hätte Paulus in Troas nicht frei gepredigt (und kein Ende gefunden), wäre Eutychus nicht schlafend aus dem Fenster gestürzt [...]."[176] Auch heute kann es selbst bei sehr begabten Rednerinnen und Rednern schnell passieren, dass sie in ein automatisiertes und routiniertes Dauerreden abgleiten.

Demgegenüber besteht die Chance eines Manuskripts darin, Sprache vielfältig zu gestalten. Indem an Sätzen gefeilt wird, Gedanken in eine sinnvolle Struktur gebracht werden und neue Bilder und Visionen entworfen werden, hat die manuskriptgebundene Predigt Zukunftspotenzial. Lieblingsformulierungen und unbedachte Redewendungen können durch die Notizen überdacht und kreativ verändert werden.

5. Die manuskriptgebundene Predigt hat die Gotteserfahrung im Mittelpunkt.

Gotteserfahrung

Die freie Predigt steht wesentlich stärker als die manuskriptgebundene in der Gefahr, die Person der Predigerin oder des Predigers in unevangelischer Weise in das Zentrum zu stellen.

Das Ziel der Rede ist es nicht, dass die Hörerinnen und Hörer am Ende des Gottesdienstes sagen: „Wow, das war eine tolle Predigt. Hast du bemerkt, wie frei sie gesprochen hat?", oder: „Das war heute ein großartiger Prediger. Die ganze Predigt hat er ohne Manuskript gehalten. Wie kann er nur so frei sprechen?"

Es sollte nicht darum gehen, die Menschen von der freien Redeform zu begeistern. Auch nicht, die eigenen egoistischen Wünsche nach Bestätigung zu befriedigen. Vielmehr sollte es um Folgendes gehen:

> „Wenn Menschen hingegen am Ende sagen könnten, dass sie berührt, getröstet, herausgefordert wurden und vielleicht sogar während der Rede gespürt haben, dass der Himmel offen steht, sie selbst am brennenden Dornbusch stehen oder der Auferstandene auch zu ihnen sagt: ‚Fürchte dich nicht!' – dann wäre Predigt mehr als jenes ‚Sonntags-Geklapper'[...]."[177]

6. Die manuskriptgebundene Predigt hält die Balance zwischen Nähe und Distanz.

Nähe und Distanz

Wie die Vertreter der freien Rede betonen auch die Befürworter der manuskriptgebundenen Rede den dialogischen Charakter der Predigt. Deeg beobachtet, dass bei der freien Rede die Hörerinnen und Hörer aber oft nicht als Gesprächspartnerinnen und -partner wahrgenommen, sondern in den Gedankenstrudel *einer* Gesprächspartnerin oder *eines* -partners gerissen werden.[178]

Sie werden autoritär bei der Stange gehalten. Nicht selten haben Menschen frei sprechende Rednerinnen und Redner schon als zu aufdringlich empfunden. Das Ganze wird noch weiter gesteigert, wenn diese ein Headset oder tragbares Mikrofron nutzen. Sie gehen durch die Reihen und kommen den Menschen (zu) nahe. Das passiert sicherlich nicht allen freien Sprecherinnen und Sprechern. Aber es passiert zu oft.

Die manuskriptgebundene Rede nimmt das Gegenüber als wirkliche Partnerinnen und Partner im Gespräch ernst. Der Grund: Mit der manuskriptgebundenen Redeform fühlt sich keine und keiner bedrängt. Die Balance zwischen Nähe und Distanz wird eingehalten.

Neben der Nähe zu den Menschen ist auch eine Distanz zu der eigenen Predigt notwendig. Deeg zitiert den Geistlichen und Literaturwissenschaftler Walter J. Ong: „Um zu leben, um voll zu verstehen, benötigen wir nicht nur Nähe, sondern auch Entfernung. Schreiben schafft diese Entfernung, dient so, wie nichts anderes, dem Bewusstsein.“[179]

Das Skript kann man nach der Vorbereitung noch einmal kritisch lesen. Wenn man nach einer Zeit wieder in die eigenen Notizen schaut, hat man eine gesunde Distanz aufgebaut, um etwas nüchterner Aussagen zu streichen, zu erweitern oder zu ändern.

Und was machen wir jetzt mit diesen gemischten Gefühlen?

Das ist eine gute Frage. Wenn wir uns von Angesicht zu Angesicht sehen würden, würde ich dich gerne fragen: Was findest du überzeugender? Zu welcher Redeart tendierst du? Was sind deine Gedanken zu der ganzen Debatte?

Meine eigene Entwicklung

Ich persönlich habe lange mit mir gerungen. Voller Elan habe ich zuerst Arndt Schneppers Buch „Frei predigen" gelesen. Dann auch Albert Damblons „Frei predigen" und Volker Lehnerts „Kein Blatt vor'm Mund". Dann bin ich aber etwas zurückgerudert, als ich in meiner Recherche auf die Perspektiven von Alexander Deeg, Michael Meyer-Blanck und Christian Stäblein in „Präsent predigen" gestoßen bin.

Ich stimme Meyer-Blanck zu, der schreibt:

> „Die Alternative ‚mit oder ohne Manuskript' sollte [...] nicht zum entscheidenden Kriterium erhoben werden. Im Vordergrund haben vielmehr zwei Fragen zu stehen: 1. Bin ich intellektuell, spirituell und sprachlich genügend vorbereitet oder bin ich an einem dieser Punkte nachlässig gewesen? 2. Lege ich genügend Wert auf die Verbesserung meiner performativen Kraft – oder rede ich mich heraus, dass es auf die Äußerlichkeiten nicht ankommt?"[180]

Das Entscheidende ist also nicht, ob ich frei oder an Notizen gebunden spreche, sondern ob ich genügend vorbereitet bin und mich deutlich artikuliere.

Vorlieben

Außerdem möchte ich betonen, dass es fast keine empirischen Studien dazu gibt, ob die Hörerinnen und Hörer in Deutschland eine freie Rede besser bewerten als eine manuskriptgebundene. Stand jetzt werden also viele Gründe nach den Vorlieben der jeweiligen Rednerin oder des jeweiligen Redners gewichtet.[181]

Präferiert jemand mehr den Enthusiasmus und die Leidenschaft, wird sie oder er eine größere Vorliebe für die freie Rede haben. Präferiert jemand mehr das zurückhaltende Agieren und ein vorsichtiges Annähern an das Publikum, wird sie oder er eine größere Vorliebe für die manuskriptgebundene Rede haben. Ich lege mal meine Karten auf den Tisch.

Ich stehe auf der Seite von Deeg, Meyer-Blanck und Stäblein, wenn sie sagen, dass nicht das Fehlen oder Vorhandensein der Notizen das entscheidende Kriterium ist. Vor allem zählt die homiletische Präsenz bzw. das Ansprechen des Wortes Gottes. Wie für Deeg ist es auch für mich von zentraler Bedeutung, dass den Menschen „der Himmel offen steht“, sie selbst „am brennenden Dornbusch stehen“ oder „dem Auferstandenen begegnen“. Die Gotteserfahrung in der Predigt ist das Wesentliche.

Trotzdem löse ich – wegen meiner persönlichen Vorlieben – die Spannung Richtung freie Predigt auf. Meines Erachtens *kann* in vielen Fällen eine freie Predigt zu einer Qualitätssteigerung führen, muss es aber nicht. Drei Punkte haben mir dabei geholfen, die Qualität meiner Predigt durch die freie Rede zu steigern.

1. Die Notwendigkeit eines Manuskriptes in der Vorbereitung.

Notwendigkeit eines Manuskriptes

Ich habe sehr gute Erfahrungen damit gemacht, mich mit einem ausgeschriebenen Manuskript vorzubereiten. Zentrale Sätze markiere ich mir fett, um sie mir einzuprägen. Dieses Manuskript verinnerliche ich während der Woche, in der ich predigen sollte, und trage es frei am Freitag in der Jugendstunde oder am Sonntag im Gottesdienst vor. Ich glaube, dass die freie Predigt besonders dann eine hohe Qualität aufweist, wenn sie vorher verschriftlicht wurde.

2. Eine saubere Struktur.

Wenn ich eine klare Struktur in der Predigt habe, fällt es mir leicht, die einzelnen Aspekte der Predigt zu behalten. Das heißt, ich lege einen starken Schwerpunkt auf eine vernünftige Gliederung.

Eine saubere Struktur ist der Schlüssel für das Verinnerlichen der Predigt.

Wenn eine vernünftige Struktur fehlt, kann ich mir so viel Mühe geben, wie ich möchte. Ich kriege die Predigt nicht eingeprägt. Aber wenn ich die Informationen in eine logische Reihenfolge bringe, kann ich – bei guter Vorbereitung – 45 Minuten problemlos frei predigen.

3. Hilfreiche Gedächtnisstützen

Gedächtnisstützen

Ich brauche Gedächtnishilfen auf der Bühne, um frei zu sprechen. Die wichtigste Gedächtnisstütze ist für mich die PowerPoint-Präsentation. In der Vorbereitung halte ich in der Präsentation die wichtigsten Aussagen und die grobe Struktur der Predigt fest. In meiner Gemeinde steht im Publikum ein kleiner Bildschirm, der mir neben der aktuellen auch die nächste Folie anzeigt. Dadurch weiß ich immer, was mein nächster Punkt ist.

In Bezug auf das Verinnerlichen der Predigt ist mir ein Satz echt wichtig geworden: *Du musst die Predigt nicht auswendig, sondern inwendig lernen.*

Es geht also nicht darum, alles zu sagen, was ich vorher in den Notizen verschriftlicht habe, sondern darum, dass ich mir die grundlegenden Gedanken angeeignet habe. So behalte ich mir die Freiheit bei, mich nicht zu stark von meinen verschriftlichen Notizen wegzubewegen, aber auch nicht zu stark an sie gebunden zu sein. Dass aber nicht *jede* Predigt frei gesprochen werden kann, zeigt die Praxis. Manchmal kommen wichtige Termine dazwischen. Manchmal kommt ein seelsorgerliches Gespräch zustande.

Sehr schön bringen Michael Herbst, Matthias Schneider und Felix Eiffler die Spannung zwischen der freien und manuskriptgebundenen Predigt auf eine Formel: „So viel Papier wie nötig, so viel Freiheit wie möglich."[182]

12 abschließende Tipps

Ich möchte das Kapitel mit zwölf kurzen Tipps abschließen, die die freie Rede verbessern können. Sie sind stark an Joseph M. Webbs „Preaching Without Notes" angelehnt.[183]

1. Plane dir ein, dass du in den Stunden und Minuten vor der Predigt nervös sein wirst. Das ist völlig normal.
2. Wechsle nicht in den „Predigtstimmen"-Modus. Sprich natürlich. So, als wärst du im Gespräch mit der Gemeinde.
3. Versuche nicht, deine Emotionen während der Predigt zu verstecken. Das Herz der freien Rede ist, dass du diese Gefühle freisetzen kannst.
4. Versuche niemals vorauszudenken. Sobald du versuchst, dich an das zu erinnern, was du erst in fünf Minuten sagen möchtest, kannst du dich nicht mehr auf das konzentrieren, was gerade dran ist.
5. Wenn du beim Predigen wichtige Punkte vergisst, ist das kein Weltuntergang. Niemand außer dir wird es merken.
6. Betrachte deine Predigt als ein Drama, in dem du versuchst, eine Spannung zu lösen.
7. Lies nur das vor, was absolut notwendig ist.
8. Interagiere mit dem Publikum. Das ist einer der kraftvollsten Momente der freien Predigt.
9. Bleib offen für unerwartete Erkenntnisse während des Vortrags. Vieles erschließt sich neu, wenn du die Menschen vor dir siehst.
10. Genieße es, auf der Bühne zu stehen. Wenn du es genießt, werden es auch die Leute genießen, die dir zuhören.
11. Wenn du viel Humor mit einbringst, solltest du immer deine Würde und die des Publikums wahren.
12. Nimm dir nach der Predigt genügend Zeit zum Entspannen. Gönn dir ein gutes Essen und einen schönen Mittagsschlaf.

TAKE-AWAYS FÜR DIE PREDIGT

- Die Vertreterinnen und Vertreter beider Positionen – der freien und manuskriptgebundenen Rede – betonen, dass die Predigt dialogisch sein sollte. Es ist wichtig, keinen Monolog zu führen, sondern auf die Hörerinnen und Hörer einzugehen. Am besten sowohl in der Vorbereitung als auch beim Halten der Predigt.
- Entscheidend ist nicht, ob ich frei oder an Notizen gebunden spreche, sondern ob ich gut vorbereitet bin und mich deutlich artikuliere.
- Viele Gründe werden Stand jetzt nach den Vorlieben der jeweiligen Rednerin oder des jeweiligen Redners gewichtet.
- Präferiert jemand Enthusiasmus und die Leidenschaft, wird sie oder er eine größere Vorliebe für die freie Rede haben.
- Präferiert jemand das zurückhaltende Agieren und ein vorsichtiges Annähern an das Publikum, wird sie oder er eine größere Vorliebe für die manuskriptgebundene Rede haben.
- Das entscheidende Kriterium für eine gelungene Predigt ist die Gottesoffenbarung und nicht, wie frei oder manuskriptgebunden jemand gepredigt hat.

TIEFER GRABEN

1. Frei oder manuskriptgebunden predigen

Du hast beide Positionen kennengelernt. Was machst du mit diesen Argumenten? In welche Richtung löst du die Spannung auf? Was sind deine Vorlieben?

Deine Einschätzung:

2. Punkte, die die Qualität der Predigt steigern

Ich habe vorher drei Punkte genannt, die mir geholfen haben, die Qualität meiner Predigt zu steigern. Welche Erfahrungen hast du gemacht? Was hat dir geholfen, die Predigt zu verbessern? Gab es hilfreiche Punkte in diesem Buch, die dich weitergebracht haben? Wenn ja, welche?

Deine Einschätzung

EINE SACHE, DIE DIR BESONDERS WICHTIG GEWORDEN IST

NOTIZEN

ANMERKUNGEN

Wie du dieses Buch nutzen kannst

1 Wolfgang Trillhaas: Einführung in die Predigtlehre, Darmstadt [3]1983, IX. Eine Erläuterung und Diskussion dieser Definition ist zu finden bei Achim Härtner / Holger Eschmann: Predigen lernen. Ein Lehrbuch für die Praxis, Reutlingen [2]2007, 17ff. Einen guten Überblick über verschiedene Definitionen gibt Andreas Wollbold: Predigen. Grundlagen und praktische Anleitung, Regensburg 2017, S. 56ff.

Warum es gut ist, sich über schlechte Predigten zu ärgern!

2 Ron Boyd-MacMillan: Leidenschaftlich predigen, Gießen 2011, S. 11.

3 Für eine Ausführung, die nicht nur individuelle, sondern auch kulturelle Gründe für die Bedeutungslosigkeit von Predigten in unserer deutschen Gesellschaft benennt, siehe Wollbold: Predigen, S. 18ff.

4 Diesen Begriff verdanke ich Kornelius Ens. Er ist der Leiter des Museums für russlanddeutsche Kulturgeschichte in Detmold. Er plädiert aufgrund der Abgrenzungstendenzen in russlanddeutschen Freikirchen und den dahinterliegenden historischen Ursachen dafür, die Kirchengemeinden als Migrationskirchen zu bezeichnen. Für weitere Ausführungen zur Religiosität der Russlanddeutschen siehe Kornelius Ens: Religiösität unter Russlanddeutschen. Geschichte, religiöse Identität und Integration, 2017, https://www.bpb.de/themen/migration-integration/kurzdossiers/252539/religiositaet-unter-russlanddeutschen/, letzter Aufruf am 08.11.2022.

5 Ich muss allerdings darauf hinweisen, dass diese externen Faktoren sich nur auf bestimmte Motivationstypen innerhalb der extrinsischen Motivation beziehen (Typ 1 und 2). In der Lernpsychologie wird zwischen vier Typen extrinsischer Motivation unterschieden. 1. Motivationstyp: Das Verhalten wird über Belohnung oder Bestrafung gesteuert. 2. Motivationstyp: Das Verhalten wird über einen inneren Zwang bzw. ein schlechtes Gewissen gesteuert. 3. Motivationstyp: Das Verhalten wird von vorgegebenen Zielen bestimmt, mit denen man sich selbst identifizieren kann. 4. Motivationstyp: Die vorgegebenen Ziele werden zu eigenen Zielen. Für einen Überblick siehe Andreas Krapp / Claudia Geyer / Doris Lewater: Motivation und Emotion, in: Tina Seidel / Andreas Krapp (Hrsg.): Pädagogische Psychologie, Weinheim 2014, S. 203f.

6 Mt 7,21.

7 Eph 4,9.

8 Derksen beobachtet, dass häufig Themen vorkommen wie Liebe, Heiligung, Nachfolge, Gemeinde, Jesu Leben, Evangelisation, Gehorsam, Mission, Buße, Bekehrung und Dienst. Diese Themen werden teilweise defizitär und rudimentär ausgearbeitet und vorgetragen. Vgl. Heinrich Derksen: Das Gottesdienstverständnis der russlanddeutschen Freikirchen, Leipzig 2016, S. 154.

9 Apg 20,7-12.

10 Danke an Prof. Dr. Harald Schroeter-Wittke für diesen wertvollen Impuls.

11 Diese Frage geht zurück auf ehemaligen Willow Creek-Pastor Bill Hybels. Da sich Anschuldigungen gegen ihn im Bereich des sexuellen Fehlverhaltens erhärtet haben, erwähne ich seinen Namen lediglich in der Fußnote.

12 Zitiert nach Mary Hulst: A Little Handbook for Preachers. Ten practical ways to a better sermon by Sunday, Downers Grove 2016, 22 (eigene Übersetzung).

Die spirituelle Dimension des Predigens

13 Rudolf Bohren: Predigtlehre, München [5]1986, S. 454.

14 Manfred Josuttis: Die Einführung in das Leben. Pastoraltheologie zwischen Phänomenologie und Spiritualität, Gütersloh 1996, S. 105.

15 Michael Herbst und Matthias Schneider machen darauf aufmerksam, dass fast keine ausländische und inländische Homiletik im Westen die Frage der Vollmacht in der Predigt aufgreift. Für eine Behandlung des Begriffes „Vollmacht“ in Homiletiken, biblischen Texten und den daraus resultierenden Konsequenzen siehe Michael Herbst / Matthias Schneider: ... wir predigen nicht uns selbst. Ein Arbeitsbuch für

Predigt und Gottesdienst, Neukirchen-Vluyn [2]2002, S. 17ff.

16 Axel Denecke: Vollmächtig und liberal! Predigen in der Tradition des Juden Jesus, Berlin 2009, S. 30.

17 Mt 28,20.

18 Vgl. Charles Haddon Spurgeon: Ratschläge für Prediger. 21 Vorlesungen, Wuppertal/Kassel [5]1996, S. 12ff.

19 Ebd., S. 13.

20 Vgl. ebd., S. 16.

21 Vgl. Rick Reed: The Heart of the Preacher. Preparing Your Soul to Proclaim the Word, Bellingham 2019, S. XVf.

22 Zitiert nach: Umkehr: Johannes von Dalyatha. 4 / 28, https://tudomine.wordpress.com/2020/10/23/umkehr-johannes-von-dalyatha-4-28/, letzter Aufruf am 28.03.2022.

23 Die Beispiele sind stark angelehnt an den ersten Teil von Reed: The Heart of the Preacher, S. 3ff.

24 Spurgeon: Ratschläge für Prediger, S. 80.

25 Vgl. Dallas Willard: Wie pflege ich meine Seele? (Nicht nur) für Pastoren, in: Ders. (Hrsg.): Jünger wird man unterwegs. Jesus-Nachfolge als Lebensstil, Cuxhaven [5]2018, 155-168, S. 156.

26 Ebd., S. 157.

27 Mt 7,17.

28 So die meines Erachtens korrekte Beobachtung in der Facharbeit von David Jäggi: Gähnende Leere oder überzogene Selbstsicherheit? Eine Auseinandersetzung mit Spiritualität in theologischer Bildung vor dem Hintergrund universitär-theologischer Bemerkungen und Erfahrungen im evangelikalen Bildungskontext, 2021, 4, https://www.academia.edu/45656995/G%C3%A4hnende_Leere_oder_%C3%BCberzogene_Selbstsicherheit_Eine_Auseinandersetzung_mit_Spiritualit%C3%A4t_in_theologischer_Bildung_vor_dem_Hintergrund_universit%C3%A4r_theologischer_Bemerkungen_und_Erfahrungen_im_evangelikalen_Bildungskontext, letzter Aufruf am 28.03.2022.

29 Für eine ausführliche Sammlung von unterschiedlichen Übungen siehe Adele Ahlberg Calhoun: Spiritual Disciplines Handbook. Practices That Transform Us, Downers Grove [2]2015.

30 Ps 16,8.

31 Bruder Lorenz, Frank Laubauch: Leben in Gottes Gegenwart, Eggenstein [9]2016, S. 71.

32 Vgl. Mk 5.

33 Leider ist die Quelle dieses Zitates für mich nicht mehr auffindbar.

34 Willard: Wie pflege ich meine Seele?, S. 166.

WWJP – Wie würde Jesus predigen?

35 Vgl. Roy B. Zuck: Teaching as Jesus Taught, Eugene 1995, S. 24.

36 Lk 4,22.

37 Mt 7,28.

38 Lk 20,39.

39 Vgl. Keith Fernando: Jesus, the Theological Educator, in: Themelios 38,3 (2013), 360-374, 371. Charles Stone nennt einige Beispiele, in denen Jesu Umwelt, Werkzeuge und Methoden sich von heute unterscheiden: 1. Jesus lehrte nicht in formalen Klassenräumen. 2. Jesus entwickelte kein Curriculum, vergab keine Noten oder ließ auch keine Arbeiten schreiben. 3. Jesus lehrte oft spontan und in freier Natur. 4. Jesus gebrauchte keine digitale Technologie. Für genauere Ausführungen und weitere Beispiele siehe Charles Stone: If Jesus Gave a TED Talk. Eight Neuroscience principles the Master Teacher used to persuade His audience, Warrenton 2021, S. 30ff.

40 Mt 4,23. Weitere Verse, die Jesu Predigt- und Lehrdienst in Kombination erwähnen, sind Mt 9,35; 11,1. In Lk 20,1 werden auch beide Dienste erwähnt, wobei hier für predigen/verkündigen nicht das gr. Wort *kerysso* gebraucht wird (wie bei allen den Matthäus-Stellen), sondern *euangelizomai*.

41 Vgl. Zuck: Teaching as Jesus Taught, S. 94f.

42 Mk 1,14-15.

43 Mt 4,17.

44 Lk 4,18.

45 Die griechischen Wörter für predigen und verkündigen (*kerysso* und *euangelizomai*) fehlen in der „Bergpredigt“. Stattdessen wird das griechische Wort *didasko* verwendet, was mit „lehren“ übersetzt wird (Mt 5,2). Deshalb müsste konsequenterweise von Berglehre und nicht von Bergpredigt gesprochen werden.

46 Mt 21,23.

47 Lk 20,1-2.

48 Markus Spieker: Jesus – Eine Weltgeschichte, Basel [5]2020, S. 302f (leicht abgeändert).

49 Lk 14,26 (ZB).

50 Mt 5,29.

51 Mt 23,15.

52 Mt 21,31.

53 Mt 21,46. Für eine ausführlichere Auseinandersetzung mit den rhetorischen Stilmitteln siehe Zuck: Teaching as Jesus Taught, S. 183ff.

54 Joh 6,35.41.48.51.

55 Joh 8,12.

56 Joh 15,1.5.

57 Ruben Zimmermann: Imagery in John. Opening up paths into the tangled thicket of John's figurative world, in: Jörg Frey / Jan G. van der Watt / Ruben Zimmermann (Hrsg.): Imagery in the Gospel of John. Terms, Forms, Themes, and Theology of Johannine Figurative Language, Tübingen 2006, S. 1-43.

58 Für eine weiterführende Beschäftigung bezüglich des Handlungsablaufes und wie dies für die Predigt fruchtbar gemacht werden kann, empfehle ich Eugene L. Lowry: The Homiletical Plot. The Sermon as Narrative Art Form, Louisville 2001. Er stellt einen Predigtentwurf vor, der sich am Handlungsverlauf einer Erzählung orientiert. Er unterteilt die Predigt in fünf Stufen: 1. Das Gleichgewicht stören. 2. Die Diskrepanz analysieren. 3. Den Hinweis auf die Lösung offenlegen. 4. Das Evangelium erleben. 5. Die Konsequenzen antizipieren. Grob vereinfacht können sich diese Stufen mit folgenden Abkürzungen verinnerlicht werden: 1. Oops. 2. Ugh. 3. Aha. 4. Whee. 5. Yeah.

59 Props gehen raus an Marco Isaak.

60 So der Titel ihres Buches. Siehe Annette Simmons: Whoever Tells the Best Story Wins. How to Use Your Own Stories to Communicate with Power and Impact, New York u. a. [2]2015.

61 Zitiert nach Zuck: Teaching as Jesus Taught, S. 160.

62 Mt 15,15.

63 Joh 16,17.

64 Vgl. John Dear: The Questions of Jesus. Challenging Ourselves to Discover Life's Great Answers, New York 2004, S. 2.

65 Vgl. Zuck: Teaching as Jesus Taught, S. 237f.

66 Mt 5,46.

67 Joh 6,61.

68 Lk 9,18.20.

69 Vgl. das Vorwort von Lauren F. Winner in dem Buch von Martin B. Copenhaver: Jesus is the Question. The 307 Questions Jesus Asked and the 3 He Answered, Nashville 2014, S. XIIf.

70 Joh 19,9.

71 Mk 11,27ff.

72 Lk 10,29ff.

73 Copenhaver: Jesus is the Question, S. XXI.

74 Siehe das Vorwort aus dem Buch von Dear: The Questions of Jesus, S. XXII.

Wie wir kirchenferne Menschen erreichen können

75 Fabian Vogt: Predigen als Erlebnis. Narrative Verkündigung, Neukirchen-Vluyn 2009, S. 13.

76 Miroslav Volf: Öffentlich glauben in einer pluralistischen Gesellschaft, Marburg an der Lahn 2015, S. 130.

77 Joh 1,1 (ZB).

78 Hubert Ritt: Art. Logos, in: Horst Balz / Gerhard Schneider (Hrsg.): Exegetisches Wörterbuch zum Neuen Testament, Stuttgart 2011, S. 881.

79 An dieser Stelle sind mit der Weisheitsliteratur nicht nur die Bücher Sprüche, Hiob und Prediger gemeint, sondern auch die deuterokanonischen Weisheitsschriften (Jesus Sirach, die Weisheit Salomos und Tobit) gebrauchen den Begriff Logos.

80 Vgl. Anni Hetschel: Art. Logos, in: Das Wissenschaftliche Bibellexikon im Internet, https://www.bibelwissenschaft.de/stichwort/51968/, letzter Aufruf am 15.04.2022, 1-18. Für eine intensivere Beschäftigung siehe Jörg Frey: Between Torah and Stoa. How Could Readers Have Understood the Johannine Logos?, in: Jan G. van der Watt / R. Alan Culpepper / Udo Schnelle (Hrsg.): The Prologue of the Gospel of John. Its Literary, Theological, and Philosophical Contexts, Tübingen 2016, S. 189-234.

81 Joh 1,14a (ZB).

82 Joh 1,14a (BigS). Zur Erläuterung des Begriffs siehe Franc Crüsemann: Art. davar (hebr.) – Sa-

che, Angelegenheit, Wort; logos (griech.) – Wort, Rede, in: Glossar, https://www.bibel-in-gerechter-sprache.de/die-bibel/glossar/?davar, letzter Aufruf am 03.05.2022.

83 Timothy Keller: Predigen. Damit Gottes Wort Menschen erreicht, Gießen 2017, S. 91f.

84 Apg 17,16-34.

85 Für weitere Ausführungen zu der Rede auf dem Areopag siehe Eckhardt Schnabel: Urchristliche Mission, Holzgerlingen [2]2018, 1332ff. Schnabel warnt allerdings davor, diese Rede aus ihrem damaligen Kontext von Apg 17 zu lösen und sie lediglich als „monotheistische Predigt" zu verstehen, die erst zum Schluss durch die Auferstehung Jesu „christlich" wird (wobei Paulus noch nicht mal den Namen Jesus nennt). Albrecht Grözinger legt den Fokus auf andere Strategien, die ebenfalls sehr wertvoll sind. 1. Wahrnehmung: Paulus nimmt die kulturelle Atmosphäre von Athen wahr. 2. Erkennbarkeit: Er macht den „unbekannten" Gott erkennbar. 3. Kontroverse: Er verknüpft den Gott mit der Auferstehung Jesu Christi. Mehr dazu siehe Albrecht Grözinger: Homiletik, Gütersloh 2008, S. 48f.

86 Stuart Murray: Nackter Glaube. Christsein in einer nachchristlichen Welt, Schwarzenfeld 2014, S. 50ff.

87 Stanley Hauerwas / William H. Willimon: Christen sind Fremdbürger. Wie wir wieder werden, was wir sind: Abenteurer der Nachfolge in einer nachchristlichen Gesellschaft, Basel 2016, S. 64.

88 So schildert es Miroslav Volf ohne Quellenangabe in Volf: Öffentlich glauben in einer pluralistischen Gesellschaft, 137. Ein weiteres Problem sieht Volf in der Folge einer völligen Anpassung. Christliche Gemeinschaften passen sich etwas an, was sie selbst nicht gestaltet haben und wahrscheinlich nur zu einem geringen Teil mitgestalten können. Durch die Anpassung verspielt das Christentum seine Einflussmöglichkeit. Ebd.

89 Timothy Keller: Center Church Deutsch, Gießen [3]2018, S. 96.

90 Props gehen raus an David Giesbrecht.

91 Vgl. Matthew D. Kim: Preaching with Cultural Intelligence. Understanding the People Who Hear Our Sermons, Grand Rapids 2017.

92 Vgl. Sam Chan: How to Address a Topic Culturally. Why Do We Need to Preach with High Cultural Intelligence?, in: Ders. / Malcom Gill (Hrsg.): Topical Preaching in a Complex World. How to Proclaim Truth and Relevance at the Same Time, Grand Rapids 2021, 109. Siehe ebenfalls Matthew D. Kim / Daniel L. Wong: Finding Our Voice. A Vision for Asian North American Preaching, Bellingham 2020, S. 76.

93 Vgl. James H. Cone: Martin Luther King, Jr.: Black Theology – Black Church, in: Theology Today 40,4 (1984), 410f. Für eine weitere Beschäftigung mit dem Thema siehe meine Hausarbeit zu dem Verhältnis zwischen der Black Church und King: Simon Wiebe: Die Bedeutung der Black Church in ihrer religiösen und soziologischen Dimension im Kampf gegen den Rassismus bei Martin Luther King, 2022, 9f., https://www.academia.edu/87500412/Die_Bedeutung_der_Black_Church_im_Kampf_gegen_den_Rassismus_bei_Martin_Luther_King, letzter Aufruf am 02.12.2022.

94 Dies sagte Muelder in einem privaten Interview zu Mervyn A. Warren: King Came Preaching. The Pulpit Power of Dr. Martin Luther King Jr., Downers Grove 2001, S. 163.

95 Für weitere Gründe, warum wir kontextualisieren sollten, siehe Kevin J. Vanhoozer: What is Everyday Theology? How and Why Christians Should Read Culture. In: Ders. /Charles A. Anderson / Michael J. Sleasman (Hrsg.): Everyday Theology. How to Read Cultural Texts and Interpret Trends, Grand Rapids 2007, S. 15-60.

96 Klaus Dettmer / Steffen Beck / Micha Hoffmann: Sundays for Future, https://www.icf-karlsruhe.de/de/podcast-predigt/, letzter Aufruf am 18.04.2022.

97 Kol 4,5-6.

98 Vgl. Andy Stanley: Deep & Wide. Creating Churches Unchurched People Love to Attend, Grand Rapids 2016, 242ff.

99 Vogt nennt noch die Liturgie und die Welt. Für genauere Ausführungen siehe Vogt: Predigen als Erlebnis, S. 303ff.

100 Vgl. Vogt: Predigen als Erlebnis, S. 307f.

Die vielfältigen Stile der Predigt

101 So bezeichnet beispielsweise Wolfgang Klippert alle anderen Predigtformen, die keine Textpredigt sind, als Sonderformen. Trotzdem

gesteht er ein, dass es in der Praxis auch Fragestellungen und Zielsetzungen gibt, die mit anderen Predigtformen besser bedient werden können. Vgl. Klippert, Wolfgang: Vom Text zur Predigt, Witten [10]2014, 272ff. Für ein ausführliches Plädoyer für die Textpredigt als Normalfall siehe Keller: Predigen, S. 31ff.

102 Härtner / Eschmann: Predigen lernen, S. 78.

103 Vgl. ebd.

104 Robert Fergusson: Are you getting this? Teaching, preaching & storytelling, Castle Hill 2020, S. 45.

105 Ich beabsichtige keine umfassende Darstellung zu geben. Es gibt noch weitere Predigtformen. Für eine ausführlichere Besprechung von Predigtformen siehe James Braga: Effektive Predigtvorbereitung, Asslar 1981, und Klippert: Vom Text zur Predigt, 272ff. Für eine Erläuterung der Textpredigt siehe Schneider / Herbst: ... wir predigen nicht uns selbst, 40-81 oder neuerdings Michael Herbst / Matthias Scheneider / Felix Eiffler: Evangelium kommunizieren. Greifswalder Arbeitsbuch für Predigt und Gottesdienst, Neukirchen-Vluyn 2022. Für eine Erläuterung der Themenpredigt siehe Chan / Malcolm: Topical Preaching in a Complex World.

106 Es gibt noch viele weitere Schritte in der Bibelauslegung. Für eine ausführliche Methodenlehre siehe Manuel Nägele: Die Bibel auslegen. Eine Methodenlehre, Gütersloh 2022.

107 Das Buch Prediger kann auf der Makroebene in drei Teile gegliedert werden. In 1,1-11 kommt die Stimme des Autors / der Autoren zu Wort. In 1,12-12,7 spricht der Prediger / Lehrer. Am Ende kommt in 12,8-14 ein Fazit des Autors / der Autoren. Für eine ausführlichere Darstellung des Rahmenerzählers und der Gliederung siehe die Einleitung zum Predigerbuch bei Peter Enns: Ecclesiastes, Grand Rapids 2011.

108 https://dasbibelprojekt.visiomedia.org/, letzter Aufruf am 25.11.2022.

109 https://www.bibelwissenschaft.de/wibilex/, letzter Aufruf am 22.04.2022.

Eine Landkarte der Predigtstrukturen

110 Für einen ausführlicheren Überblick siehe Wilfried Engemann: Einführung in die Homiletik, Tübingen [3]2020, 202ff. und Ronald J. Allen: Patterns of Preaching. A Sermon Sampler, Danvers 1998.

111 Vgl. Helge Stadelmann: Kommunikativ predigen. Plädoyer und Anleitung für die Auslegungspredigt, Holzgerlingen [2]2018, S. 161ff.

112 Stanley gliedert sein Buch nach sieben Imperativen. 1. Bestimme dein Ziel: Was möchtest du erreichen? 2. Wähle einen Punkt: Was versuchst du zu sagen? 3. Erstelle deine Karte: Was ist die beste Route zu deinem Punkt? 4. Verinnerliche die Predigt: Was ist deine Story? 5. Beziehe dein Publikum mit ein: Was ist dein Plan, um Aufmerksamkeit zu bekommen und sie zu erhalten? 6. Finde deine Stimme: Was passt zu dir? 7. Fang von vorne an: Was ist dein nächster Schritt? Siehe Andy Stanley: Communicating for a Change, New York 2006, S. 91ff.

113 Vgl. ebd., S. 119ff.

114 Peter Bukowski: Predigt wahrnehmen. Homiletische Perspektiven, Neukirchen-Vluyn [2]1992, S. 26ff.

115 Vgl. Evans E. Crawford: The Hum. Call and Response in African American Preaching, Nashville 1995.

116 Vgl. ebd., S. 25ff.

117 Vgl. ebd. S. 37ff.

118 Dieser Übergang ist auch schon in den neutestamentlichen Briefen zu beobachten. Die Autoren werden mitten in den analytischen Erläuterungen plötzlich lyrisch und doxologisch. Beispielsweise im Epheserbrief schwenkt der Tonfall vom Nüchternen zum Hymnischen. In Eph 3,20-21 heißt es: „Dem, der so unendlich viel mehr tun kann, als wir erbitten oder erdenken, und der mit seiner Kraft in uns wirkt, ihm gebührt die Ehre in der Gemeinde und in Jesus Christus von Generation zu Generation in alle Ewigkeit. Amen."

119 Vgl. Crawford: The Hum, S. 49ff.

120 Siehe dafür das Beispiel von Manfred Josuttis' Predigt „Das Buch, die Tränen, der Ruhm" in Martin Nicol / Alexander Deeg: Im Wechselschritt zur Kanzel. Praxisbuch Dramaturgische Predigt, Göttingen 2005, 89f. Für eine ausführlichere Beschäftigung mit dem African American Preaching und wie dies für den deutschen Kontext fruchtbar gemacht werden kann, siehe Christel E. Weber: Prophetisches Predigen als Sichtwechsel. Eine interkulturelle Studie, Leipzig 2019.

121 Vgl. Henry H. Mitchell: Black Preaching. The Recovery of a Powerful Art, Nashville 1990, S. 104.

122 Vgl. ebd.

123 Lk 24. Dass Jesus und das Evangelium in der alten Kirche im Zentrum in der Predigt und Lehre steht, wird auch an Bibelstellen wie Joh 5,39.49; Apg 20,27 und Hebr 1,1-4 deutlich.

124 Vgl. Teil 3 „A Theology of Christ-Centered Messages" bei Bryan Chapell: Christ-Centered Preaching. Redeeming the Expository Sermon, Grand Rapids [3]2018, S. 247ff.

125 Keller: Predigen, S. 59.

Die Predigt auf dem Prüfstand

126 Nicol / Deeg: Im Wechselschritt zur Kanzel, S. 45.

127 Spurgeon: Ratschläge für Prediger, S. 31.

128 Die grobe Gliederung habe ich Hermann Brünjes: Einladend Predigen. Praxisbuch für evangelistische Verkündigung, Neukirchen-Vluyn 22017, S. 143ff. entnommen.

129 Stefan Verra: Hey, dein Körper spricht! Worum es bei Körpersprache wirklich geht, Hamburg [2]2015, S. 92.

130 Vgl. Harry Holzheu: Natürliche Rhetorik, München [2]2002, S. 54.

131 Simon Lancaster: Winning Minds. Die Geheimnisse überzeugender Kommunikation, Berlin 2018, S. 154.

132 Vgl. Verra: Hey, dein Körper spricht!, S. 91.

133 Vgl. Hulst: A Little Handbook for Preachers, S. 145f.

134 Arndt Schnepper nennt zehn Kopf-Elemente, von denen ich nur vier erwähne. Für weitere Kopf-Elemente siehe Arndt Schnepper: Frei predigen. Ohne Manuskript auf der Kanzel, Holzgerlingen [5]2018, S. 60ff.

135 Um die Exegese interessant zu gestalten, sind Kommentare, Aufsätze und Monografien zu einzelnen biblischen Themen besonders empfehlenswert.

136 Einen guten Überblick über zentrale Dogmen und wie sie innerhalb der Kirchengeschichte verstanden und rezipiert wurden gibt Alister McGrath: Theologie. Was man wissen muss, Gießen 2010.

137 Sehr hilfreich zeigt David Paul Parris auf, wie die Kirchengeschichte dabei helfen kann, die biblischen Texte neu und anders zu verstehen. Siehe David Paul Parris: Reading the Bible with Giants. How 2000 Years of Biblical Interpretation Can Shed New Light on Old Texts, Eugene 2015.

138 Vgl. Tim-Christian Bartsch / Michael Hoppmann / Bernd F. Rex u.a.: Trainingsbuch Rhetorik, Paderborn [3]2013, S. 37f.

139 Für eine weitere Vertiefung empfehle ich den Sammelband von Johann Pock / Ursula Roth / Bernhard Spielberg (Hrsg.): „Fühlt ihr nicht, so bleibt ihr nicht!". Die emotionale Dimension der Predigt, München 2022.

140 Johann Pock: Freude an der Verkündigung?! Grundlegungen zum Thema ‚Predigt und Emotion', in: Ders. / Ursula Roth / Bernhard Spielberg (Hrsg.): „Fühlt ihr nicht, so bleibt ihr nicht!, München 2022, S. 30.

141 Auch diese Elemente sind an Schnepper: Frei predigen, 50ff. angelehnt. Sie wurden ergänzt und abgeändert.

142 Mt 5,3-5. Jesus führt dies bis Vers 12 fort.

143 Kol 1,16.

144 Zitiert nach Albrecht Grözinger: Karl Barth „Das Wort Gottes als Aufgabe der Theologie". Nach 90 Jahren wiedergelesen, in: Praktische Theologie 47,1 (2012), S. 38.

145 Axel Denecke: Reden ist Silber, Predigen ist Gold. 99 Ratschläge für eine gelungene Predigt, Gütersloh 2021, S. 62.

146 Ebd.

Ganz viel Predigtkrimskrams

147 Vgl. James Clear: Die 1 %-Methode – Minimale Veränderung, maximale Wirkung. Mit kleinen Gewohnheiten jedes Ziel erreichen, München [11]2020, S. 25ff.

148 Pred 1,9.

149 Zitiert nach Austin Kleon: Alles nur geklaut. 10 Wege zum kreativen Durchbruch, München [7]2013, S. 16.

150 Ebd., S. 13.

151 Ebd., S. 6.

152 Vgl. ebd., S. 23f.

153 Vgl. Chris Anderson: TED Talks. Die Kunst der öffentlichen Rede, Frankfurt a.M. ³2017, S. 166ff.

154 Haddon Robinson: Biblische Inhalte und ihre Anwendung, in: Bill Hybels / Stuart Briscoe / Haddon Robinson (Hrsg.): Welt-bewegend predigen. Gottes Wort zeitgemäß kommunizieren, Asslar 2000, S. 54f.

155 Haddon Robinson: Die Selbstdarstellung des Predigers. In: Hybels / Briscoe / Robinson (Hrsg.): Welt-bewegend predigen, S. 125.

156 Ebd.

157 Angelehnt an den Satz „Sei einen Schritt voraus und du wirst zum Vorbild, sei drei Schritte voraus und du wirst zum Märtyrer." Für weitere Ausführungen zu dem Gedanken siehe Martin Benz: Wenn der Glaube nicht mehr passt. Ein Umzugshelfer, Neukirchen-Vluyn 2022, S. 191f.

158 Jonathan T. Pennington: Small Preaching. 25 Little Things You Can Do Now to Become a Better Preacher, Bellingham 2021, S. 12.

159 Danke an Joe Hildebrandt für deine demütige und wertschätzende Art, Feedback zu geben.

Der ewige Streit: Freie oder manuskriptgebundene Predigt?

160 Vgl. Annette Cornelia Müller: Predigt schreiben. Prozess und Strategien der homiletischen Komposition, Leipzig 2014, S. 15.

161 Zitiert nach Albert Damblon: Frei predigen. Ein Lehr- und Übungsbuch, Düsseldorf 1991, S. 17.

162 Zitiert nach Schnepper: Frei predigen, S. 37.

163 Vgl. ebd., S. 21.

164 Müller: Predigt schreiben, S. 16.

165 Volker A. Lehnert: Kein Blatt vor'm Mund. Frei predigen lernen in sieben Schritten, Neukirchen-Vluyn ³2010, S. 10.

166 Ebd., S. 30.

167 Schnepper: Frei predigen, S. 19.

168 Vgl. Damblon: Frei predigen, S. 41.

169 Vgl. Schnepper: Frei predigen, 24ff. Für ein weiteres Plädoyer aus früherer Zeit für die freie Predigt mit Fokus auf die historische Entwicklung siehe Jörg Rothermundt: Predigt als freie Rede. Erinnerung an ein verdrängtes Problem, in: Wissenschaft und Praxis in Kirche und Gesellschaft 68 (1979), S. 68-85.

170 Vgl. Lehnert: Kein Blatt vor'm Mund, S. 7f.

171 Schnepper: Frei predigen, S. 37. Ergänzend zu der technischen Entwicklung wäre sicherlich auch die Etablierung des Papiers als Massenkommunikationsmittel zu nennen. Ab dem 14. Jahrhundert verbreitete sich die Papierherstellung im europäischen Raum. Zwischen dem 19. und 20. Jahrhundert wurde das Papier zu einem Produkt des täglichen Bedarfs und konnte so auch verstärkt für die Predigtvorbereitung nutzbar gemacht werden.

172 Vgl. Alexander Deeg / Michael Meyer-Blanck / Christian Stäblein (Hrsg.): Präsent predigen. Eine Streitschrift wider die Ideologisierung der „freien" Kanzelrede, Göttingen 2011, S. 7.

173 Christian Stäblein: In aller Freiheit mit Manuskript oder: Was man heute lernen muss, um sich nicht auszupredigen, in: Deeg / Meyer-Blanck / Stäblein (Hrsg.): Präsent predigen, S. 115.

174 Alexander Deeg / Michael Meyer-Blanck / Christian Stäblein: Präsent predigen statt (un) frei herumreden – 40 streitbare Thesen, in: Dies. (Hrsg.): Präsent predigen, 13f.

175 Vgl. ebd., S. 15.

176 Alexander Deeg: Die Leidenschaft für den Text und die Lust an der gestalteten Rede, in: Ders. / Meyer-Blanck / Stäblein (Hrsg.): Präsent predigen, S. 78. Für die Bibelstelle siehe Apg 20,7-12.

177 Ebd, S. 70f.

178 Vgl. ebd., S. 77.

179 Zitiert nach ebd., S. 80.

180 Michael Meyer-Blanck: Homiletische Präsenz. Ein Plädoyer im Rahmen der Diskussion um die „freie Rede" in der Homiletik, in: Deeg / Ders. / Stäblein (Hrsg.): Präsent predigen, S. 32.

181 Vgl. Müller: Predigt schreiben, S. 16.

182 Vgl. Herbst / Schneider / Eiffler: Evangelium kommunizieren, S. 304.

183 Vgl. Joseph M. Webb: Preaching Without Notes, Nashville 2001, S. 108ff.